교회를 떠나
교회가 되다

교회를 떠나
교회가 되다

구권효

NEWS&JOY

추천사

정신실

정신실마음성장연구소 소장, 〈신앙 사춘기〉 저자

교회를 떠나 교회가 되다

이 책에 기록된 다섯 교회 스물아홉 명의 울분에 찬, 슬픔에 겨운 고백은 교회 분쟁이라는 이름의 교회 사랑 이야기입니다. '교회를 떠나 교회가 되다'라는 어딘가 앞뒤가 맞지 않는 말이 증언하는 바입니다. 어딘가로부터 떠나왔다면 어디에 도착했다거나, 최소한 가는 중이라고 해야 할 것을. 어디를 떠나왔는데 또다시 그것이 되었다는 게 좀 이상합니다. 그런데 우리는 이 말을 알아듣습니다. 떠나온 교회가 외적 장소이며 동시에 마음의 처소이기에 그렇습니다. 함께 예배하고, 구역 모임을 하고, 손을 맞잡고 기도하고, 밥을 먹고 커피를 마시던 사람들이 담겨 있는 마음의 처소입니다. 사람들이 담긴 마음의 보고寶庫입니다. 그 모든 일로 하나님을 만나기도 했던 마음의 성전이기에 그렇습니다. 그러니 그곳을 버리고 다른 어딘가로 떠난다는 것은 있을 수 없는 일이겠습니다.

사랑을 떠나 사랑이 되다

"사랑하기에 떠난다"는 말에 담긴 진심을 가늠할 방법은 없지만, 이 책 떠나온 이야기의 본질은 사랑입니다. 공교롭게도 이단이니 뭐니 하는 말로 이분들을 막고 쫓아내는 이들도 '교회 사랑'의 발로라고 하니 도대체 사랑의 본질이 무엇인지 궁금해집니다. 영성 깊은 정신과 의사 스캇 펙(Morgan Scott Peck)은 사랑이란 "자기 자신이나 타인의 정신적·영적 성장을 도와줄 목적으로 자기 자신을 확대해 나가는 의지"라고 했습니다. 생각만 해도 설레고, 맹목적으로 끌리는 '감정'이 아니라는 것입니다. 좋아하는 마음, 뭔가를 소유해야만 채워지는 욕망이 아닌 '의지'가 바로 사랑이라고 합니다. 나와 타인의 성장을 위해 나를 확대하는 의지라고 하는 것이 인상적입니다. 말이 좋아 확대지, 나를 찢는 일입니다. 그러니 김영봉 목사님의 책 제목처럼 사랑하는 사람은 누구나 아픕니다.

여기 이 교회 사태에 연루된 이들 중 처음부터 투사였던 이는 없습니다. 목회자의 범죄가 드러난 이후 교회에서는 누구도 예상하지 못하는 힘든 상황이 전개됩니다. 존경하는 목사님의 비리를 알게 되어 받은 첫 충격은 뒤에 오는 것에 비하면 아무것도 아니었습니다. 잘못을 인정하지 않는 목사의 처신, 이를 덮으려는 무지막지한 집단적 저항, 그야말로 교회 사랑의 발로에서 벌어지는 싸움은 전쟁이 되고 맙니다. 본의 아니게 이 싸움에 휘말린 이들은 전쟁터를 떠나고 돌아오기를 반복합니다. 교회의 분열은 막아야겠기에, 피해자들을 외면할 수 없기에 결국 멈출 수 없는 전쟁이 됩니다. 진실에 눈을 뜬 이들은 오명을 무릅쓰고, 의지를 다하여 자기를 찢으며 길이 없는 앞으로 나아갑니다. 이 책은 눈멀었던 옛사랑을 떠나온 이야기입니다. 정직한 절망을 통과하며 교회의 빛과 그림자를 함께 끌어안고 큰 사랑을 향해 가는 이야기입니다.

말씀을 떠나 말씀이 되다

목사 한 사람의 범죄 또는 성찰 없는 잘못에서 이 아픈 이야기들이 시작한다는 것이 새삼스러운 놀라움입니다. 그렇게 시작된 싸움을 부추기고 갈등을 심화시키는 것이 목사의 '말'이라는 사실 역시 모르던 바도 아닌데, 새로운 충격입니다. 길게는 수십 년 짧게는 수년 동안 목사님의 '말씀'을 먹고 살았던 성도들입니다. 이제 목사의 그 '말씀'은 분쟁에 기름을 붓고 성도들을 사지로 몹니다. 그러고 보면 그들이 떠나온 곳은 교회이며 동시에 목사의 '말'입니다. 이 왜곡된 말씀으로부터 벗어나는 것이야말로 심리적·영성적으로 홀로서기의 출발이 되는 것입니다. 복福과 저주를 무기 삼아 성도를 옭아매는 목사에게 휘둘렸던 삶을 성찰하는 계기가 되었다는 점, 이것이 분쟁에서 얻은 유익이라 한다면 대가가 크기에 더욱 값진 것입니다. 목회자의 범죄가 드러나기 전부터 '설교가 이상하다'는 느낌을 받았다거나 더는 설교를 들을 수 없어서 예배당을 뛰쳐나가고 싶었다는 인터뷰이가 있었습니다. 잘못된 말을 감지하는 귀가 진실을 보는 눈보다 먼저 열렸는지 모르겠습니다.

'떠나온 말'들은 왜곡된 신학과 가르침들이지만, 한때의 사랑과 열정을 표상하는 언어이기도 합니다. 때문에, 그 언어를 버리는 일은 그 시절의 나를 부정하는 일이기도 하여 어렵고 아픈일입니다. 부분적으로 맞는 말들이기에 더 어렵습니다. 그러니 죄다 갖다 버리는 것이 능사도 아닙니다. 버릴 말을 버리고 취할 말을 취하는 것은 떠나온 교회 시절의 나를 있는 그대로 마주하고 화해하는 치유 작업이기도 합니다. 어떻게 가능할까요? 철학자 우치다 타츠루는 "과거의 사건은 그것을 회상할 때마다 개정판으로 다시 쓰이는 것"이라고 했습니다. 여기에 덧붙이고 싶습니다. 과거의 사건은 '다른 환경, 다른 자리'에서 발화되는 그때마다 새롭게 쓰입니다. 혼자 회상만 하거나, 비슷한 자리에서 비슷한 방식으로만 이야기된다면 좋은 개정판이 되기 어렵습니다. 어느 자리에서, 누구의 질문에 응하느냐에 따라 경험은 다르게 진술되기 마련입니다. 그런 의미로 저는 이 책에 담긴 인터뷰가 하나의 치유 작업으로 보입니다. '교회를 떠나 교회가 된 사람들'이라는 이름을 붙여 주고, '회복적 정의'라는 렌즈로 바라보는 기자의 질문이 참 고맙습니다.

기사를 떠나 서사가 되다

교회 문제로 고통당하는 분들이 자신의 이야기가 기사화되는 것에 위로받는 것을 봅니다. 육하원칙에 따라 사실관계를 밝히고, 때로 구조적 문제를 지적하는 언론의 역할이 본질상 정의를 세우는 일이기에 그렇겠지요. 거기서 한 발 나아가 분쟁을 겪은 교인들의 '마음'에 주목한 인터뷰 기사라니. 마음을 가진 한 사람 한 사람의 서사가 기사의 형식을 빌려 여기 우리에게 들려집니다. 인터뷰에 응하여 자신의 이야기를 들려주신 분께는 또 하나의 개정판 작업이 되었을 것입니다. 모르긴 해도 치유의 시간이 되었을 것입니다.

읽는 것만으로도 아픈 이야기를 하염없이 듣고 글로 정리하는 노고가 어땠을까, 가늠하기 어렵습니다. 저자 구권효 기자에게 감사드립니다. 약자의 고통을 담아낸 정의로운 기사, 회복의 염원을 담아 쓴 정의로운 글이 평화의 기도로 다가옵니다. 분쟁 과정과 소송 결과가 아닌, 그것을 겪어 낸 개인의 서사가 누군가에게 질문이나 답으로 다가갈 것입니다. 실망한 교회를 떠날까 말까 망설이는 분에게, 갑자기 알게 된 목회자의 범죄를 알려야 하나 덮어야 하나 고민하는 분에게, 어떤 식으로든 교회에 관한 고민을 안고 계신 분들께 말이지요. 목회자 한 사람의 거짓말, 횡령, 성폭력, 표절 같은 범죄가 개인의 문제가 아니라는 것, 차라리 연자 맷돌을 목에 매고 바다에 빠지는 편이 낫다는 것을 알리는 데 이보다 좋은 책이 없습니다.

책을 펴내며

모교회를 떠난 경험이 있습니다.

20대 후반 혈기 왕성했던 시절, 모교회의 보수적인 성향이 불만이었던 저와 또래 친구들은 함께 신학책을 읽고 국가권력과 자본 권력에 피해를 입은 이들을 직접 찾아가 연대하기도 했습니다. 이런 일들이 담임목사님과 장로님들 귀에 들어갔는데 그분들이 많이 놀라셨던 것 같습니다. 얼마 지나지 않아 '당회가 허락하지 않은 모든 소모임을 금지한다'는 공지가 내려왔고, 저와 친구들이 즐겨 읽던 톰 라이트의 책(네, 그래 봤자 톰 라이트였습니다)은 금서禁書가 됐습니다. 저와 친구들은 큰 상처를 받았고 그 길로 교회를 박차고 나왔습니다. 벌써 12년이 지난 이야기네요.

어떤 날 무슨 일이 있었는지 정확히 기억나지는 않지만 지금도 제 머릿속에 선명하게 남아 있는 장면, 마음속에서 느껴지는 어떤 감각이 있습니다. 몇 주 전까지 반갑게 인사하고 이야기 나누던 사람들의 낯선 눈빛, 너무 당연했던 예배의 자리가 가시 방석이 된 듯한 느낌. 모태신앙으로 28년간 한 교회만, 그것도 누구보다 열심히 다녔던 저에게 교회는 집보다 더 편한 곳이었습니다. 가족보다 더 친했던 형들, 누나들, 동생들, 어려서부터 봐 왔던 집사님, 장로님, 목사님…… . 그때 그들의 눈빛이 정말로 변했던 것인지는 알 수 없지만, 저는 하루아침에 이방인이 된 것 같은, 여기에 있으면 안 되는 사람이 된 듯한 느낌을 받았습니다. 그날 직감했죠. '아, 더 이상 이 교회를 다닐 수 없겠구나.'

10년이 훌쩍 지난 지금도 그때의 감각을 기억하는 걸 보면, 그 경험이 아직도 제 마음속에 어떤 상처 같은 것으로 남아 있는 것인지 모르겠습니다. 시간이 지나며 몇 번이고 '이게 정말 교회를 떠날 만큼의 일이었나'라는 생각이 올라왔지만, 그때 그 눈빛들이 떠오르면 '역시나 떠날 수밖에 없었겠구나' 하는 생각이 들곤 했습니다. 그렇게 30년 가까이 다녔던 교회에서 떠나는 일은 저의 길지 않은 인생에 큰 영향을 줬습니다. 우연찮게도 그때쯤 저는 〈뉴스앤조이〉 기자 생활을 시작했는데요. 어쩌면 모교회를 떠나면서 느꼈던 그 감각들과 치열했던 고민들이 〈뉴스앤조이〉 일을 하는 데 도움이 됐던 것 같기도 합니다.

†

"이분들 마음이 정말 찢겨 있더라고요."
2022년 1월 6일 박성철 목사를 인터뷰했을 때 그가 했던 말입니다. 박 목사는 그루밍 성폭력과 교회 분쟁으로 피해를 입은 인천새소망교회 교인들을 돕게 됐는데요(책 '네 번째 교회' 참고). 처음 교인들과 만나 이야기를 나눴는데, 그들의 마음이 '찢겨' 있다고 느낀 것입니다. 이 말을 들었을 때 저는 한동안 잊고 있었던 그때의 감각이 떠올랐습니다. 교회 분쟁에 비하면 작은 해프닝이라고 할 수 있는 제 경험에서도 그 하루아침에 바뀌었던 낯선 눈빛들이 잊히지 않는데, 교인들끼리 서로 고성과 욕설을 주고받고 몸싸움까지 벌였다면 그들의 마음 상태는 어떨까……. "마음이 찢겨 있었다"는 말이 저를 쉽게 놔 주지 않았습니다.

생각해 보면 인천새소망교회 피해 교인들만 그런 건 아닐 것입니다. 그간 〈뉴스앤조이〉에서 일하며 분쟁 교회를 수십 개는 봐 왔는데, 정작 '교인들의 마음'에 대해서는 성찰해 보지 못했습니다. 언론은 교회 분쟁도 육하원칙에 따라 정리합니다. 분쟁의 원인이 무엇인지, 누가 잘못했는지, 잘못한 사람은 어떠한 처벌을 받아야 마땅한지, 그런데 왜 그렇게 되고 있지 않은지에 집중해 왔습니다. 조금 더 나아가 왜 이런 일이 벌어질 수밖에 없었는지 구조적 문제를 지적하기도 했죠. 이러한 보도는 반드시 필요합니다. 분쟁 교회 이야기를 꺼리고 한편으로는 교권과 금권에 휘청이는 교계 언론 환경에서, 정확한 사실관계를 파악해 잘잘못을 따지는 〈뉴스앤조이〉 보도는 그 자체로 가치 있는 일입니다.

그러나 이런 보도는 나중엔 '소송 결과'로 귀결되더군요. 그것은 결국 가해자(교회 분쟁의 원인은 대부분 담임목사입니다)가 어

떤 처벌을 받는지 혹은 받지 않는지에 집중하는 가해자 중심의
보도입니다. 신기하게도 교회 밖 세상보다 교회에서 더욱 이런
응보적 정의조차 이뤄지지 않는 경우가 많아, 저희는 으레 징계
라도 제대로 하라는 식으로 보도하게 됩니다. 어떤 식으로든 법
적 다툼이 끝나는 순간 그 교회 분쟁의 역사는 더 이상 기록되지
않습니다.

　가해자가 응당 받아야 할 징벌을 받지 않는 것은 그 자체로
문제이지만, 만약 그런 징벌을 받으면 교회 분쟁이 끝났다고 해
도 되는 것일까요? 그것으로 분쟁 기간 동안 '찢겨 버린' 교인들
의 마음은 저절로 아물게 될까요? 절대 그렇지 않을 거라는 생각
이 들었습니다. '교회 분쟁이 끝났다'고, 그리고 그것이 '정의롭게
해결됐다'고 이야기하려면, 적어도 피해를 입은 교인들이 마땅히
있어야 할 자리로 돌아가 찢긴 마음을 치유받아야 한다고 생각했
습니다. 어쩌면 우리가 더욱 주목해야 할 것은 가해자에게 내려
져야 할 징계가 아니라 상처받은 교인들의 '회복'이 아닐까 싶었
습니다.

　이 글들은 '회복적 정의'라는 렌즈로 교회 분쟁을 바라보려
는 시도입니다. 가해자가 어떤 잘못을 저질렀는지가 아니라, 교
인들이 어떤 상처를 받았는지에 더 집중하고 싶었습니다. 그리
고 그 상처가 조금이라도 치유됐다면, 무엇이 그들에게 위로가
되고 힘이 되었는지 듣고 싶었습니다. 수십 년간 섬겼던, 삶의 많
은 부분을 차지했을 기존 교회를 떠나며 흘렸던 눈물과, 그 아픔
을 딛고 새롭게 교회가 되기로 한 결심 사이에 일어난 변화들이

궁금했습니다.

어쩌면 집요하게 보였을 질문에도 친절하게 응해 주셨던 인터뷰이들에게 감사한 마음을 전합니다. 누군가에게 도움이 될 수도 있다는 일념으로 지난날의 억울함과 아픔을 다시 꺼내 보여 주신 그 마음을 소중하게 생각합니다. 독자분들이 이 책에서 무언가를 얻어 가셨다면, 그것은 모두 인터뷰이들 덕분이라고 말씀드리고 싶습니다.

†

분쟁 교회의 역사 또한 한국교회의 역사입니다. 역사를 굳이 영榮과 욕辱으로 나누자면 교회 분쟁은 욕의 역사가 되겠지요. 그러나 교회를 떠나 교회가 되기로 한 이들의 역사는 결코 욕으로 끝나지 않을 것입니다. 그것은 오히려 영의 역사로 반전될 수도 있습니다. 무너져 가는 한국교회, 무너져야 할 것들은 무너질 테지만, 그런 중에도 새롭게 일어나는, 기존의 교회와는 다른 새로운 교회의 모델이 될 수도 있을 것이기 때문입니다.

마지막으로, 이 또한 한국교회의 역사를 기록하는 일이라는 것을 인정해 주고 기다려 준 〈뉴스앤조이〉 동료들에게 고마움을 전합니다. 제가 이런 긴 기획을 붙들고 정말 뜸하게 기사를 쓰는 동안, 동료 기자들이 그 빈틈을 메워 주었습니다. 단언컨대 제가 〈뉴스앤조이〉 기자가 아니었다면 할 수 없었던 기획입니다. 쓰다 보니 역시 〈뉴스앤조이〉가 존재할 수 있도록 물심양면 도와

주시는 많은 분에게도 머리 숙여야 할 것 같네요. 좋은 저널리즘으로 보답해야겠다고 늘 스스로 약속해 왔습니다. 이 책이 작은 보답이 되었으면 좋겠습니다.

2024년 1월

구권효

차례

1

사랑의교회갱신공동체

갱신을 위한 좁은 길로 들어가다

"

20여 년간 강남 한복판에 있는 대형 교회를 다니며
편하게 신앙생활을 해 왔는데, 그 추위와 어둠 속의 성탄절
예배가 그의 인생에서 가장 감격스러운 예배 경험이었다.
전율을 불러일으키는 성가대의 찬양도, 유명 목사의 설교도,
그 어떤 화려한 이벤트도 없었다. 김 집사는 그제야
예수님도 보잘것없는 마굿간에서 태어나셨다는 사실을,
성탄절은 낮은 곳으로 오신 그분을 기억하는 날임을
떠올릴 수 있었다.

"

✝

예전에 사랑의교회는 '제자 훈련'의 상징이었다. 설립자 고 옥한흠 목사는 만인 제사장 원리에 따라 일반 신자들도 목회자와 동역하는 관계가 돼야 한다고 강조했다. 평신도를 깨운다는 목표로 제자 훈련을 정립했다. 사랑의교회에서 파생된, 혹은 옥한흠 목사의 제자를 자처하는 목회자들은 저마다 교회에서 제자 훈련을 시행했다. 사랑의교회가 단순히 규모만 큰 대형 교회들과는 조금 다른 '점잖은' 이미지였던 이유는, 이 제자 훈련이라는 트레이드 마크가 있었기 때문이다.

이제 사랑의교회는 제자 훈련보다는 '교회 분쟁'의 상징이 됐다고 해도 과언이 아니다. 2013년 1월 터진 오정현 목사의 박사 학위논문 표절 사태로 교인들은 갈라졌다. 그해 11월 사랑의교회는 서초 예배당으로 장소를 옮겼다. 그러나 오정현 목사의 회개를 촉구하며 '마당 기도회'를 해 왔던 교인들은 강남 예배당에 남았다. 이후 수년간 물리적·법적 충돌이 계속됐고, 2024년 지금까지 사랑의교회 교인들은 서초와 강남 예배당에 따로 나뉘어 있다. 사랑의교회와 사랑의교회갱신공동체. 한 지붕 두 가족(?)이 된 상태다.

사랑의교회를 교회 분쟁의 상징이라고 표현한 것은 오명일 수 있겠으나 꼭 그렇지만도 않다. 사랑의교회갱신공동체만큼 조직적으로 담임목사의 비위를 밝혀낸 곳도 없기 때문이다. 한국교회 분쟁 대부분이 담임목사의 문제로 시작된다. 교단을 불문하고 교회법적으로 교인들이 담임목사를 내보내는 것은 정말 어려운 일이다. 담임목사가 버티면 교인들은 방법이 없다. 담임목사 권력에 쫓겨나거나, 몇 년 싸우다가 지쳐서 교회를 떠나거나, 좀 더 버틴 경우라면 아예 교단이나 법원이 나서서 교회 재산을 갈라 주기도 한다. 안타깝지만 때로는 개혁의 주체가 그 정신을 잃어버리고 개혁의 대상이 되는 일도 있다.

사랑의교회갱신공동체는 지난한 법적 싸움을 통해 한국교회에 영향을 미칠 만한 결과를 많이 이끌어 냈다. 회계장부 열람 소송에서 이겨, 아무리 초대형 교회라도 교인들에게 재정 장부를 공개해야 한다는 원칙을 상기시켰다. 오정현 목사가 사랑의교회 담임목사 자격이 없다는 소송을 걸어 그의 인생 내내 불투명했던 이력을 드러냈다. 서초 예배당 공공 도로점용 소송을 도와 초호화 예배당이 불법으로 건축됐다는 사실을 밝혀냈다. 이에 대한 사랑의교회와 소속 교단 대한예수교장로회 합동(예장합동)의 대처는 실망스럽기만 했으나, 사랑의교회갱신공동체의 성과는 그 자체로 의미가 있는 것이었다.

그간 사랑의교회 사태는 법적 공방을 위주로 보도됐다. 사랑의교회 분쟁을 누구보다 밀착 취재해 온 〈뉴스앤조이〉도 마찬가지였다. 워낙 중요한 소송들이기는 했다. 그러나 정작 사랑의교회갱신공동체 안에서 계속해서 사랑의교회 본질 회복 운동을 벌여 온 교인들의 신앙에 대해서는 제대로 들어 본 적이 별로 없었다. 이번 기획을 통해 사랑의 교회 분쟁이 이들의 신앙과 삶에 어떤 영향을 미쳤는지 들어 봤다. 교인들을 인터뷰한 2023년은 마침 '마당 기도회'가 시작된 지 10년이 되는 때이기도 했다. 2023년 2~3월, 사랑의교회갱신공동체 교인 5명을 인터뷰했다.

사랑의교회 강남 예배당 마당. 마당 기도회가 시작된 곳이다.

1

'이게 옳은 건가…….'

그 시절 임현희 권사(72)의 머릿속엔 이 생각뿐이었다. 오정현 목사의 박사 학위논문 표절이 수면 위로 드러난 2013년 초, 오목사에게 문제가 있다고 느끼는 사람들이 예배당 마당에 하나둘 모이기 시작했을 때다. 이들은 오 목사가 설교하는 모습을 보기가 힘들어 본당에서 진행하는 금요 철야 기도회에 참석하지 않았다. 대신 예배당 마당에 모였다. 처음에는 대여섯 명이 모여 기도하고 답답한 마음을 이야기했다. 이후 점점 사람이 늘면서 자연스럽게 '마당 기도회'가 됐다.

사랑의교회 강남 예배당은 특이하게 본당이 지하에 있는 구조로 만들어졌다. 1층에는 넓은 공간(마당)이 있어, 교인은 물론 교인 아닌 사람들도 자유롭게 드나들 수 있었다. 예배가 끝나면 교인들은 마당으로 나와 삼삼오오 모여 이야기했다. 교인들은 자연스럽게 교제가 일어나는 마당을 사랑했다. 이런 구조는 2013년

11월 완공된 사랑의교회 서초 예배당도 마찬가지다. 규모가 몇 배는 커지고 일부 공간은 공공 도로 지하를 불법으로 점유했다는 사실을 제외하면.

임현희 권사는 금요일 저녁마다 본당에 들어가지 못하고 마당에 서서 생각했다. 이게 맞는 걸까, 이렇게 금요 기도회를 보이콧하는 것은 어쨌든 교회가 가고자 하는 길을 반대하는 것 아닌가, 그것이 과연 하나님이 보시기에 옳은 것인가, 나는 순장(사랑의교회 소그룹 리더)이기도 한데 담임목사를 반대하는 게 맞는 것인가…….

그와 함께 신앙생활 하던 많은 교인은 오정현 목사의 허물이 별것 아니라는 식으로 말했다.

― 잘못 없는 사람이 어디 있어. 목사님도 사람이야.

― 성경에 '너희 중 죄 없는 자가 먼저 돌로 쳐라', '일곱 번씩 일흔 번이라도 용서하라'는 말도 있잖아. 왜 목사님 용서를 못 해.

그 말이 맞을지도 몰랐다. 어찌 됐든 계속 금요 기도회를 나가지 않고 마당에 있는다는 건, 수십 년간 매주 얼굴을 보고 신앙생활을 한 다른 교인들과 불편한 관계가 된다는 것을 의미했다. 그런 건 임 권사도 원하지 않았다. 그는 마당에 서서 기도했다.

"나 자신에게, 하나님께 계속 물었어요. 순장으로서 담임목사를 반대하는 행동이 옳은 것인지, '용서하라'는 성경 말씀이 이 상황에 이렇게 적용되는 게 맞는 것인지……."

임현희 권사는 1952년, 개신교를 독실하게 믿는 집안에서 태어났다. 흔히 말하는 모태신앙이다. 외할아버지가 그 옛날 일본

고베에서 신학을 공부하셨다고 한다. 그 영향으로 어머니를 통해 신앙이 3대째 이어져 내려왔다. 임현희 권사의 말마따나 "디모데의 가정 같은" 곳에서 자랐다. 그런 임 권사에게 '목회자'에 대한 신뢰와 존경심은 절대적인 것이었다.

"의식하기 전부터, 자아가 싹트기 전부터 그런 문화에 젖어 버렸기 때문에……. 어떤 다른 문화에 곁눈질할 틈이 없는 집안 분위기에서 자랐어요."

그렇게 40년을 살다가 1991년 이사와 함께 사랑의교회에 출석하게 됐다. 이전부터 옥한흠 목사를 알았던 건 아니었지만, 그의 설교를 들으며 올곧은 성품을 엿볼 수 있었다. 사랑의교회에 정착했다. 20여 년을 사랑의교회에 다니면서 순장 등을 맡으며 봉사했다.

2003년 오정현 목사가 부임했을 때도 거부감은 전혀 없었다. 옥한흠 목사에 비하면 설교 수준은 확실히 떨어진다고 느꼈지만, 오정현 목사만의 강점도 있다고 생각했다. 당시 옥한흠 목사는 체력적인 한계 때문에 새벽 기도를 인도할 수 없었다. 그런데 오정현 목사는 부임하자마자 '특별 새벽 기도(특새)'를 인도했다.

"센세이셔널했죠."

임현희 권사는 그 시절 오정현 목사에 대한 호감도는 높았다고 회상했다. 당연히 오정현 목사도 신뢰와 존경의 대상이었다.

그렇게 60년을 살아온 임현희 권사에게 오정현 목사는 인생 최대의 걸림돌이 됐다. 오 목사의 박사 학위논문 표절이 드러나면서, 60 평생 굳어져 있던 목회자에 대한 신뢰에 처음으로 금이 가

기 시작한 것이다. 표절뿐 아니라 오 목사의 반복되는 거짓말과
이를 자꾸 덮으려 하는 교인들도 이해가 가지 않았다. 태어나서
처음으로 목사가 하는 말에, 교회가 하는 일에 반대해야 하는 처
지가 됐다.

✝

　모태신앙으로 따지자면 김근수 집사(64)도 둘째가라면 서럽
다. 김근수 집사는 태어나 보니 무려 4대째 기독교 집안이었다.
"100년간 제사를 지내지 않은 집안"이라고 소개할 정도다. 어렸
을 적 전해 들었던, '왕고모'라고 불리던 고모할머니가 목격한 백
증조부 이야기는 흥미로웠다. 경북 의성(김근수 집사는 '의성 김 씨
氏'다)에서 한량처럼 살던 백증조부가 어느 날 경북 청도에서 선교
사를 만나 세례를 받은 것이 그의 집안에 복음이 들어오는 통로가
됐다.
　그 선교사는 훗날 숭실대학교를 세운 베어드(William Martyn
Baird·배위량, 1862~1931) 선교사였다고 한다. 백증조부는 그 길로
베어드 선교사와 함께 의성으로 돌아왔다. "그때 말을 타고 왔다"
는 왕고모의 말은 전설처럼 전해 내려왔다. 그렇게 백증조부의 집
에서 베어드 선교사가 교회를 시작한 것이 120여 년 역사를 간직
한 비봉교회의 태동이다. 비봉교회는 1900년 시작된 것으로 알려
져 있지만, 김 집사의 백증조부가 베어드 선교사를 데려와 집에서
예배를 시작한 것은 그보다 몇 년 전이다.

말 그대로 '대대로' 교회 섬기는 것을 최우선으로 여기는 집 안에서 자란 김근수 집사에게도 목회자는 경외의 대상이었다. 그는 1992년 사랑의교회를 다니게 된 후 옥한흠 목사와 오정현 목사를 존경했다. '경북 의성'과 '비봉교회' 때문에 오정현 목사에게 친근감을 느끼기도 했다.

"오정현 목사 고향이 의성이에요. 그리고 언젠가 설교 시간에 비봉교회 이야기를 한 적도 있어요. '와, 비봉교회를 아시네' 하면서 저 혼자 뭔가 좀 특별한 친근감을 느끼기도 했죠."

물론 그때는 아직 오 목사의 논문 표절이 수면 위로 드러나기 전이었다.

오정현 목사의 논문 표절은 김근수 집사에게도 중요한 문제였다. 2013년 초 오 목사의 박사 학위논문이 표절이라는 소문이 교회에서 본격적으로 돌기 시작했을 때, 당시 순장이었던 김 집사는 순장들만 볼 수 있던 교회 홈페이지 게시판에 장문의 글을 올렸다. 오 목사의 논문이나 재정 사용 등을 철저하게 검증해야 하며, 사실일 때는 그를 해임해야 한다는 내용이었다. 그 글은 오정현 목사의 부정不正에 끓어오르던 교인들의 심정을 대변하는 것이었다. 그런데 얼마 지나지 않아 게시 글은 삭제됐고, 이내 사랑의교회 한 부목사에게 전화가 걸려 왔다.

─ 집사님, 이 글은 담임목사님을 비난하는 내용이라 삭제할 수밖에 없습니다.

─ 이건 내 신앙 양심으로 쓴 거니까 그냥 두시면 좋겠습니다. 담임목사님이 보시고 혹시 뭔가 깨달으실 수도 있잖아요.

김근수 집사는 다시 글을 올렸다. 다시 지워졌다. 또다시 올렸다. 결국 순장 게시판 자체가 사라졌다. 하지만 당시 오정현 목사에게 문제를 제기하던 온라인 카페에 누군가 김 집사의 글을 퍼갔고, 그 글은 교인들 사이에 퍼지게 됐다. 글을 보고 여러 사람이 김 집사에게 연락해 왔다. 그를 욕하고 비방하는 사람도 많았지만, 응원하고 지지해 주는 사람도 있었다. 그들과 함께 마당 기도회를 시작했다. 그때 김 집사는 어찌 보면 순진했다. 이쯤 하면 오목사가 회개하고 물러날 줄 알았다. 잘나가던 회사의 임원으로 바쁘게 살던 그가 앞으로 10여 년간 지난한 투쟁의 자리에 있을 것이라고는 상상할 수 없었다. 그의 집안으로 보자면, 4대째 이어 오는 믿음의 가문에서 최초로 목사에게 정면으로 대항하는 이가 나온 것이다.

✝

– 오정현 목사님…… 좀 이상하지 않아?

주일예배를 마치고 집으로 돌아가는 차 안에서 서정식 집사(59)는 아내에게 물었다. 언젠가부터 오정현 목사에게 불편함을 느꼈기 때문이었다. 그것은 2008년 옥한흠 목사가 오정현 목사에게 보낸 편지에서 썼듯 "소리 없이 쌓이는 불신의 먼지"였다. 어느 한 사건이 문제였다기보다는 2003년 오 목사가 부임한 이래 수년간 누적돼 온 불편함이었다. 처음 오 목사가 왔을 때는 환영했다. 그것은 오 목사에 대한 신뢰였다기보다는 그를 택한 옥한흠 목사에 대한 신뢰였다. 하지만 무언가 빗나갔다는 느낌이 갈수록 강해졌다. 비록 다른 교인들에게는 말하지 못했지만, 아내와는 전부터 오 목사의 자질에 대한 이야기를 조금씩 해 오고 있었다.

－그러게, 갈수록 이상하네…….

서정식 집사는 언젠가 오정현 목사가 설교 시간에 경영학자이자 미래학자 피터 드러커(Peter Ferdinand Drucker, 1909～2005)를 언급한 일을 기억하고 있다. 오 목사는 피터 드러커의 사상을 이야기하며 자신이 그를 직접 만나 이야기한 적도 있다고 말했다. 경영 분야에서 오랫동안 일해 온 서정식 집사가 봤을 때, 오정현 목사가 경영학의 대가 피터 드러커를 직접 만나 이야기까지 나눴다는 건 믿기 어려운 일이었다. 그건 차치하더라도 당시 이미 피터 드러커의 저서를 섭렵했던 서정식 집사는 오정현 목사가 그를 잘 모르고 이야기한다는 사실을 간파했다. 왜 잘 알지도 못하는 이야기를 설교 시간에 하는지, 그때 서 집사는 알지 못했다.

박사 학위논문 표절이 드러나기 전에도 오정현 목사에게 문제가 있다고 느낀 사람은 서정식 집사뿐만이 아니었다. 법률가로 사랑의교회 법조선교회에서 활동했던 김성만 집사도 이상한 점을 느끼고 있었다. 김 집사의 습관은 설교를 메모하는 것이다. 누구의 설교든지 일단 예배 시간에는 항상 펜과 종이를 가지고 임한다. 1990년대 후반부터 사랑의교회를 다니기 시작했고, 매주 옥한흠 목사의 설교를 빼놓지 않고 메모했다. 당연히 모든 설교를 기억할 수는 없지만, 그렇게 메모를 해 놓으면 나중에 그것만 봐도 설교의 핵심 메시지가 떠오르곤 했다. 그런 경험 때문에 설교를 메모하는 일을 놓지 못했다.

오정현 목사가 부임했을 때만 해도 "쌍수를 들고 환영한" 김성만 집사였다. 오 목사가 정식으로 부임하기 전부터 그의 저서를 구입해 읽는 열정도 있었다. 하지만 정작 오정현 목사의 주일예배 설교는 메모하기가 곤혹스러웠다. 수년간 매주 설교를 정리해 온 김 집사도 오 목사의 설교는 당최 무슨 내용인지 정리하기가 어려웠다. 가끔은 오 목사가 정말 설교 내용을 알고 말하는 건지 의심이 들기도 했다. 핵심 메시지가 명확하게 정리되던 옥한흠 목사의 설교와는 딴판이었다. 이는 단순히 원로목사의 훌륭한 설교에 길들여져 후임 목사의 설교가 마땅치 않은 수준이 아니었다. 무언가 본질이 달라졌다고 느꼈다.

"저는 사람을 볼 때 어떤 큰 하나의 사건보다는 평소 그가 하는 행동을 보는데요."

그런 면에서 볼 때 오정현 목사는 확실히 옥한흠 목사와 달랐다. 옥한흠 목사는 가끔 교회 서점에서도 만날 수 있었고, 그런 모습이 자연스러웠다. 대형 교회 담임목사인데도 성품이 부드럽고 목에 힘이 들어가 있지 않은 사람이었다. 그러나 오정현 목사는 일요일에도 교인들과 접촉하기를 꺼리는 듯 보였고, 외부 일정을 다닐 때면 마치 대기업 CEO처럼 부목사를 여러 명 대동했다. 무엇보다 오 목사 부임 후 교회에서 정치인이 많이 보이고 강단에서 소개됐다. 이런 모습들이 김성만 집사의 안테나에 탁탁 걸렸다.

그는 교회가 변질되고 있다고 느꼈다.

✝

오정현 목사의 박사 학위논문 표절은 사실로 확인됐다.

사랑의교회 장로들은 TF를 구성해 2012년 6월부터 오 목사의 논문 표절 문제를 조사해 왔고, 2013년 1월 당회원들에게 결과를 발송했다. 내용은 충격적이었다. 오 목사의 논문이 표절이라는 점도 그랬지만, TF 조사 과정 중 반복된 오 목사의 거짓말이 더 큰 문제였다. 오정현 목사가 사랑의교회에 부임한 후 10년 동안, 교인들이 가랑비에 옷 젖듯 느꼈던 그 '이상함'의 실체가 밝혀지는 순간이었다. 반복되는 거짓말은 오 목사의 인격을 단적으로 드러내는 것이었다.

서정식 집사는 그때를 생각하면 지금도 미간이 찌푸려진다.

"한 달 넘게 밥도 제대로 못 먹었어요."

믿음이 무너져 내렸다. 당연히 일도 손에 잡히지 않았다. 출근을 해도 신경이 온통 교회와 오정현 목사에게 가 있었다. 시도 때도 없이 핸드폰을 들여다보면서 뭔가 새로운 글이 올라오면 읽었다. 읽고 충격받고 우울해하는 일의 반복이었다. 믿고 싶지 않았지만 오 목사의 논문 표절은 팩트였다. 그 과정에서 드러난 오 목사의 인간 됨을 보며, 수년간 느꼈던 불편함의 퍼즐이 맞춰졌다. 고통스러운 일이었다. 더 이상 오 목사의 설교를 듣기가 어려웠다. 결국 본당 대신 마당을 택했다.

김성만 집사에게는 가정과 직장과 교회가 삶의 기초였다. 오정현 목사의 거짓말은 그에겐 교회가 무너지는 일이었다.

"삶의 1/3이 무너져 내린 거죠. 삶의 기초가 와르르 흔들리는 것 같았어요. 1년 반에서 2년 정도는 좀 심하게 힘들었죠."

사랑의교회에서 가족들과 함께 신앙생활 한다는 사실이 그에게는 자부심이자 삶을 영위할 수 있는 근간이었다. 그랬던 그에게 오정현 목사의 비위는 그간 자신이 믿어 왔던 것이 무엇이었는지, 그토록 자랑스럽고 대견하게 여겨 온 그 믿음의 근거가 무엇이었는지 근본적인 회의감이 들게 했다. 그 역시 마당으로 나갈 수밖에 없었다.

더 이상 오정현 목사를 믿을 수 없게 된 교인들이 마당으로 하나둘 모였다. 그렇게 점점 사람이 많아지자 이들은 2013년 3월 22일 금요일부터 정기적으로 마당에 모여 기도회를 하기로 했다. '사랑의교회 본질 회복을 위한 마당 기도회.' 첫 마당 기도회에 260명이 넘게 모였고, 기도회가 지속될수록 더 많은 사람이 모였다. 몇 달 후에는 수백 명으로 늘어 마당에 사람이 빼곡할 정도가 됐다. 안수집사들을 중심으로 사랑의교회회복을위한기도와소통네트워크(사랑넷)를 조직해 오 목사의 회개를 촉구하는 교인들의 의견을 모으고 대책을 세웠다.

오정현 목사와 그를 지지하는 교인들도 가만있지 않았다. 오 목사는 TF 조사 당시 "논문 표절이나 대필이 발견되면 사임하겠다"는 의사를 표명한 바 있다. 그러나 표절이 사실로 드러나자 말을 바꿨다. 그는 2013년 2월 10일 주일예배에서 교인들에게 공식 사과했다. "참고 문헌을 쓰는 과정에서 일부 미흡했다"며 자신의 잘못을 축소하는 한편, TF 위원장이었던 권영준 장로가 "48시간

이내에 사임하지 않으면 언론에 공개하겠다"고 협박했다는 식으로 말했다. 또 거짓말이었다. 그러면서 1~4부 예배 때 모두 같은 지점에서 눈물을 흘렸다.

오정현 목사의 눈물은 교인들 사이를 빠르게 갈라놓았다. 오 목사의 사과 아닌 사과는 그를 지지하는 교인들을 결집하는 효과가 있었다. 오정현 목사를 옹호하는 교인들은 몇몇 장로와 집사가 조직적으로 오 목사를 끌어내리려 한다는 음모론을 신봉했다. 설사 오 목사가 "참고 문헌을 쓰는 과정에서 일부 미흡했"을지라도, 사과했으니 용서해야 한다고 했다. 이들은 '마당 기도회'에 모이는 사람들을 비난하기 시작했다. '용서하지 못하는 사람들' 정도면 양반이었다. 대놓고 '교회를 파괴하는 세력', '이단', '신천지'라고 말했다. 이 사건이 벌어지기 전까지 수십 년간 함께 신앙생활했던 교우들에게.

그때를 생각하면 임현희 권사는 지금도 눈물이 난다. 마당 기도회에 참석하는 것이 옳은 건지 고뇌하던 그는, 기도 중에 확신을 얻고 난 뒤 담대함이 생겼다. 오정현 목사를 지지하는 교인들이 비난하고 부목사들이 감시하듯 지켜봐도 오히려 떳떳하고 당당하게 마당 기도회에 임했다. 오 목사에게 속지 않고 마당 기도회에 참석한다는 사실이 자랑스럽기도 했다. 그런 그에게도 단 한 가지, 몇 주 전까지 함께 신앙생활 했던 교인들과의 관계가 끊어지는 것은 너무나도 괴로운 일이었다. 기도하면서 많이 울었다. 임현희 권사는 대형 교회 목사의 책임감에 대해 생각했다.

'아…… 한 사람 때문에 이렇게 큰일이 벌어지는구나. 한 사람 때문에 이 많은 영혼이 이렇게 상처를 입는구나.'

2

'모든 것은 하나님께서 하셨습니다.'

사랑의교회 서초 예배당 본당에 있는 대형 스크린에 멋들어진 캘리그래피가 떴다. 본당 6500석을 가득 메운 교인들은 박수를 보내며 환호했다. 넓고 큰 무대에 전 연령대로 구성된 교인 100여 명이 빨간색 목도리를 두르고 올라와 있었고, 오정현 목사는 중심에 자리했다. 오케스트라 반주에 맞춰 교인들과 함께 찬양을 부르는 그의 얼굴은 황홀감에 젖어 있었다. 사랑의교회는 2013년 11월 24일 일요일 서초역 앞 신축 예배당으로 예배 장소를 옮겼다. 일주일 뒤 진행된 '입당 예배' 때는 국내뿐 아니라 해외에서도 찬사가 쏟아졌다. 그야말로 성대한 이벤트였다.

오정현 목사 부임 후 사랑의교회가 교계와 사회의 비판을 받은 때가 몇 번 있었다. 2007년 이랜드 파업 때(이랜드 박성수 회장이 당시 사랑의교회 장로였다), 2008년 오정현 목사가 당시 이명박 대통령의 대운하 공약을 지지하는 칼럼을 썼을 때, 광우병 시위에 대해 "죽은 사람 하나 없는데"라고 폄하했을 때, 그리고 2009년 서초역 앞에 초대형 예배당을 신축하겠다고 발표했을 때다. 이런 일들이 오 목사에 대한 신뢰를 조금씩 갉아먹었다 해도, 아니 오 목사의 실체를 조금씩 드러냈다 해도 과언이 아닐 것이다.

하지만 다른 건 몰라도 '예배당 신축'에 대한 생각은 교인들마다 분분했다. 현재 사랑의교회갱신공동체에서 열심히 활동하는 사람들 중에도 그때는 건축에 찬성했던 사람이 많았다. 강남예배당 크기에 비해 교인이 너무 많고 시설이 노후해서 아이들이 위험하다는 나름의 명분이 있었기 때문이다. 천문학적 비용도 어쩔 수 없는 일이었다. 오히려 대출을 받더라도 교회가 받느니 내가 받는 게 낫다고 생각했다. 서정식 집사도 그랬다. 그래서 건축헌금도 힘에 지나게 했다. 부담스러운 금액이었지만 그것이 하나님의 뜻이라고 생각했다. 오정현 목사도 한창 "무임승차하지 말라"고 강조하던 때였다. 그렇게 모인 돈으로 오 목사가 불법을 저지르리라고는 전혀 상상하지 못했다.

유혜경 씨(49)는 고 옥한흠 목사의 건축 헌금 독려 영상을 보고 "마음이 요동쳐" 헌금을 작정했다. 그 역시 자신에게 과한 액수를 헌금했다. 폐암을 앓고 있던 옥 목사가 세상을 떠나기 열 달 전 힘든 육신을 일으켜 찍은 영상이었다. 교인들의 마음은 크게 움직였다. 옥한흠 목사 또한 사랑의교회에 새 예배당이 필요하다는 사실은 긍정했으나, 그의 사후 밝혀진 내용들을 보면 그가 결코 지금과 같은 예배당 건축을 찬성하지는 않았을 것이라고 짐작할 수 있다. 하지만 당시 유혜경 씨를 비롯한 사랑의교회 교인들은 이를 알 수 없었다.

사랑의교회가 서초 예배당으로 이전하고 나서부터 갈등은 더 심해졌다. 마당 기도회를 하던 사람들은 심정적으로 도저히 서초 예배당에 갈 수가 없었다. 새 예배당이 크게 지어졌다고 해서 오정현 목사의 거짓이 덮어지는 것은 아니기 때문이다. 늘 그랬듯 강남 예배당에 모였고 자연스럽게 마당에서 기도회를 이어 갔다. 오정현 목사 측은 마당 기도회를 적극적으로 방해하기 시작했다. 하루는 '리모델링'이라는 명목으로 마당에 건축 폐기물을 잔뜩 쌓아 놔 기도회를 할 수 없게 했다. 교인들이 폐기물을 치우고 기도회를 계속하자, 이번에는 예배당 전체를 펜스로 두르고 입구에 강철판을 덧대 아예 출입할 수 없도록 용접해 버렸다. 교인들이 철판을 뚫고 들어가자 교회는 교인들에게 소송을 걸었다.

그해 성탄절 예배는 초창기부터 사랑의교회갱신공동체에 함께한 교인들에게 잊을 수 없는 기억으로 남아 있다.

2013년 12월 25일 강남 예배당은 또다시 펜스와 합판, 용접으로 굳게 닫힌 상태였다. 교인들은 이를 하나씩 제거해 가며 어렵게 본당에 들어갈 수 있었다. 대문을 사용할 수 없어 옆으로 난 작은 문으로 들어가면서 "좁은 문으로 들어가라"는 말씀을, 종탑 건물에 있는 좁은 계단을 통해 한 사람씩 줄을 지어 한 발 한 발 지하 예배당으로 들어갈 때는 로마제국의 압제를 받아 지하에 굴을 파서 예배했던 '카타콤'을 떠올렸다. 예배는 몇 시간이나 지체됐지만 교인들은 자발적으로 찬양을 부르면서 기다렸다. 오정현 목사 측은 전기도 난방도 모두 차단했다. 교인 2300여 명이 지하 본당에서 서

2013년 12월 25일 사랑의교회 강남 예배당에서의 성탄 예배.
사진 제공. 사랑의교회갱신공동체

로의 체온에 기대 휴대폰 불빛의 도움을 받아 예배를 드렸다.

으리으리하게 지어진 화려한 서초 예배당과 전기도 들어오지 않는 캄캄한 강남 예배당의 대비는 극적이었다. 교인들은 예배란 무엇인지 생각하게 됐다. 전통적이고 보수적인 환경에서 평생 신앙생활 해 온 교인들에게 예배란 목사가 주재하고 준비된 공간에서 집전되는 것이었다. 항상 최상의, 최고의 것을 드려야 한다고 목사들에게 배워 왔다. 성탄절 예배라면 오케스트라 반주와 100명에 달하는 성가대원의 쩌렁쩌렁한 칸타타가 울려 퍼지는 게 당연한 환경에서 수십 년간 지내 왔다. 펜스와 합판을 뚫고 들어간

어둡고 추운 공간에는 준비된 것이 별로 없었다. 반주자의 손은 시렸고 피아노 소리는 처량했다.

"너무너무 좋았어. 내 평생 잊을 수가 없어."

김근수 집사에게도 그때 기억은 강렬하게 남아 있다. 20여 년 간 강남 한복판에 있는 대형 교회를 다니며 편하게 신앙생활을 해 왔는데, 그 추위와 어둠 속의 성탄절 예배가 그의 인생에서 가장 감격스러운 예배 경험이었다. 전율을 불러일으키는 성가대의 찬 양도, 유명 목사의 설교도, 그 어떤 화려한 이벤트도 없었다. 김 집 사는 그제야 예수님도 보잘것없는 마굿간에서 태어나셨다는 사실 을, 성탄절은 낮은 곳으로 오신 그분을 기억하는 날임을 떠올릴 수 있었다. 그는 예배를 마치고 사랑넷 인터넷 카페에 이렇게 썼다.

－요즘 예수님을 믿는다는 것이 어떤 의미인지 조금씩 알기 시작했습니다. 우리 모두 고난을 친구 삼아 남은 생을 주님을 위 해 살아 봅시다.

†

투쟁은 길었다.

이후로 수년간 사랑의교회갱신공동체 교인들은 매주 일요일 강남 예배당에서 예배를 드린 후, 서초 예배당 건너편에서 피켓 시위를 했다. 금요일 밤에는 서초 예배당 앞에서 마당 기도회를 열었다. 오정현 목사 측은 물리적으로, 법적으로 계속해서 압박했 다. 서초 예배당 앞에서 기도회와 시위를 할 때면 오 목사를 지지하는 부목사들과 교인들의 비난과 욕설을 들어야 했다. 매주 금요일과 일요일, 서초역 앞에 경찰이 출동하는 건 다반사였다.

유혜경 씨는 처음부터 마당 기도회에 참석하지는 않았다. 교회에 등록은 했지만 내부 일에 크게 관심이 없던 그는, 마당에 모이는 교인들을 일부러 피해 다니는 사람이었다. 서초 예배당으로 이전하기 전, 안수집사들이 오정현 목사의 문제점을 지적하는 회보를 만들어 돌려도 일부러 받지 않으려 했다. 그때는 주일성수하고 주변 사람들과 관계만 좋으면 그만이었다. 복잡한 내용은 알지 못했고 알고 싶지도 않았다. 그 시절, 오정현 목사를 지지하는 교인이 유인물을 배포하는 마당 기도회 교인을 폭행하고 도주한 일도 직접 목격했지만 애써 모른 척했다.

오정현 목사가 부임한 지 얼마 되지 않은 때 교회에 등록한 유혜경 씨는 오 목사에 대해 부정적인 감정이 별로 없었다. 설교가 미흡하다는 것은 느끼고 있었지만 찬양하는 시간은 좋았기 때문에 크게 상관하지 않았다. 오 목사의 논문 표절과 관련한 일련의 사태에도 관심 없었다. 2013년 11월 교회가 서초 예배당으로 이전했을 때 자연스럽게 그쪽으로 따라갔다. 오히려 마당 기도회 사람들이 이해되지 않았다. 교회가 이전하기로 했으면 다 같이 가야지, 왜 저렇게 한마음을 품지 않고 반대하는지 의문이었다. 마당 기도회 사람들을 '어둠의 무리'라고 생각했을 때도 있었다.

─보디발의 아내 그 미친 X이.

유혜경 씨가 돌아선 것은 설교 시간 오정현 목사의 입에서 이 말이 나왔을 때였다. 다른 교인들을 보니 그냥 웃어 넘기는 듯했다. 하지만 그는 단순한 농담으로 받아들이기 힘들었다. '아, 이 사람은 정말 목사라는 게 맞지 않는 사람이구나.' 그 주에 오정현 목사의 설교를 방송하는 기독교 방송사의 설교 영상을 찾아 다시 들어 봤다. 그 부분만 쏙 빠져 있었다. 유혜경 씨는 그제야 자신이 왜 서초 예배당에 와 있는지 생각해 보게 됐다. 서초 예배당 앞에서 매주 시위를 하고 있는 사랑의교회갱신공동체 사람들의 이야기가 귀에 들어오기 시작했다. 그는 어느 날 예배를 마치고 나와, 시위하고 있는 갱신공동체 교인들에게 가서 물었다.

– 혹시 아직 강남 예배당에서 예배를 드리는 건가요?

– 그럼요.

다른 교회에 가는 것보다는 제2의 고향 같은 사랑의교회에 남아야겠다고 생각했다. 갱신공동체 교인들의 진심이 느껴지기도 했다. 이들은 정말 비가 오나 눈이 오나 서초 예배당 앞에 모여서 기도회를 하고 피켓 시위를 했다. 당시만 해도 30대였던 그는 나이 많은 어른들이 저렇게 진심으로 기도하는 모습이 진기했다. 날씨가 궂은 날이면 우산을 쓰고 방한복을 입고 손을 호호 불어가며 기도하는 모습에 마음이 착잡하기도 했지만, 그러면서도 한편으로는 서서히 이들의 신앙을 닮아 가고 싶다는 마음이 들었다.

'신앙인으로서 내가 가야 할 길은 이런 모습이겠구나.'

사랑의교회갱신공동체에 소속한다는 건 상당한 불이익을 감수하는 일이었다. 오정현 목사를 지지하는 교인들과 부목사들에게 비방과 욕설, 감시와 채증을 당했다. 사회 법적으로는 손해배상 청구 소송을 당하고, 교단법적으로는 출교를 당했다. 이에 대응하기 위한 법적 다툼에 시간과 돈을 써야 했다. 그리고 수십 년 간 다닌 교회는 단순히 신앙생활만 하는 장소가 아니다. 대부분의 인간관계 망이 교회에 형성돼 있다. 갱신공동체로 간다는 건 그 망을 포기하는 일이었다. 당장 경조사와 같은 현실적인 문제도 무시할 수 없었다. 인간적으로 생각하자면, 서초 예배당에 가지 않기로 결정하더라도 강남 예배당보다는 차라리 다른 교회에 가는 편이 낫다.

그럼에도 사랑의교회갱신공동체를 선택한 이유는 저마다 다르다.

"이렇게 말하는 게 좀 뭐하긴 한데…… 저는 좀 비겁하다고 생각했어요."

김성만 집사는 이런 이유로 마당 기도회를 떠나지 못했다. 그렇다고 사랑의교회를 떠난 사람들을 비겁하다고 생각하는 건 아니다. 그는 오히려 관계 혹은 비즈니스 때문에 서초 예배당으로 간 사람들도 일면 이해하는 편이다. 그들에 대한 원망은 없다. 그저 자신에게 적용되는 잣대일 뿐이다. 또 한 가지, 그에게는 "나를 키운 건 팔 할이 바람이다"라는 시구처럼 '내 아이들을 키운 건 팔 할이 사랑의교회다'라는 생각이 있었다. 그런 교회를 두고 떠난다는 것이 그에게는 좀처럼 쉬운 일이 아니었다.

생각해 보면 김성만 집사에게 강남 예배당을 떠날 이유는 없었다. 비록 사랑의교회는 서초 예배당으로 옮겨 갔지만, 사랑의교회의 정통성은 강남 예배당에 남아 있다고 생각했기 때문이다. 언젠가 김성만 집사의 지인이 그에게 이렇게 이야기한 적이 있다.

– 사랑의교회는 오정현 목사님이 저쪽으로 나가신 거 아닌가요?

김성만 집사는 그 말이 정확하다고 생각했다. 전통적이고 보수적인 환경에서 신앙생활을 해 왔던 그가, 담임목사 없이 예배를 드리는 것에 부담을 느끼지 않았던 이유다.

초창기부터 마당 기도회를 주도했던 김근수 집사에게는 사랑의교회 본질 회복 운동이 곧 사랑의교회에서 배운 대로 행동하는 것이었다. 사랑의교회갱신공동체야말로 제자 훈련의 산물이라고 믿었다. 오정현 목사를 지지하는 교인들이 훨씬 더 많은 상황 자체가 '옥한흠 목사의 제자 훈련이 실패한 것'이라 진단하는 사람이 많았다.

"그 말이 맞을지도 몰라요. 그런데 옥한흠 목사님이 가르친 제자 훈련의 결과 중 하나가 우리이기도 해요. 정말 배운 대로 실천하는 건 우리라고 생각해요."

2013년 12월 6일 저녁 8시. 사랑의교회갱신공동체가 서초 예배당에서 마당 기도회를 하려 할 때 오정현 목사를 지지하는 교인들과 격한 충돌이 있었다. 갱신공동체 교인들은 마당으로 들어가려다 저지당해 길바닥에서 기도회를 했고, 오정현 목사를 지지하는 교인들은 저들끼리 찬양과 기도를 하면서 마당 기도회를 방해했다. 양측 각각의 스피커에서 나오는 찬양과 기도는 누가 더 큰 소리를 내는지 겨루는 듯했다. 야유와 비난, 채증이 난무했다. 지나가는 시민들은 물론이거니와 출동한 경찰들도 생경한 광경에 혀를 찼다.

오정현 목사 비호에 앞장섰던 주연종 부목사는 당시 마이크를 잡고 이렇게 말했다.

─ 우리가 저들과 다른 점은 교역자의 말에 순종한다는 것입니다. 저는 제자 훈련 할 때 말합니다. '아무리 여러분이 다른 생각을 가지고 있을지라도 마지막에는 교역자의 말에 순종해야 합니다. 그러면 크게 빗나가지 않습니다.' 그런데 저 사람들은 교역자의 말을 거절하고 교역자를 폄하합니다.

"난 그런 '히에라르키(Hierarchie)' 체제를 인정할 수가 없어요."

김근수 집사는 말했다. 옥한흠 목사뿐 아니라 옥 목사에게 배운 부목사들도 교인들에게 그렇게 가르치지 않았기 때문이다.

"동역자라고 했어요. 우리는 역할만 다를 뿐 동일한 동역자라고. 목사고 집사고 그런 직분은 차이가 없다고. '작은 목사'라고 했어, 우리한테. 당시에는 받아들이기 어려웠지만 돌이켜보면 그게 맞는 말이죠. 다 같은 제사장이잖아요. 옥한흠 목사님 따라서 그렇게 가르쳐 놓고, 지금은 담임목사·목회자를 중심으로 히에라르키를 형성한다? 저는 그런 사랑의교회는 인정할 수 없어요."

✝

사랑의교회 사태에서 가장 중요한 소송은 세 가지라고 할 수 있다. 회계장부 열람 소송, 오정현 목사의 자격과 관련한 소송, 서초 예배당 도로점용 소송. 이 세 소송에서 사랑의교회와 오정현 목사는 모두 졌다. 수년에 걸친 소송 과정에서 드러난 것은, 오정현 목사와 사랑의교회의 방만한 재정 사용, 오정현 목사의 불투명하고 불법적인 이력, 서초 예배당의 불법 도로점용이었다. 이는 곧 오정현 목사의 그릇된 욕망과 그것을 덮고 옹호하는 이들의 왜곡된 신앙 상태를 세상에 드러낸 일이었다.

사랑의교회갱신공동체 입장에서는 승리라고 볼 수 있지만, 한편으로는 깊은 상처를 받는 일이기도 했다. 한때 신뢰와 존경의 대상이었던 오정현 목사가 정말 이 정도일 줄은 몰랐기 때문이다.

"목사는 하나님의 말씀을 전하는 사람이라고 하잖아요. 이전에는 목사라면 신앙적으로나 인격적으로나 다 갖춘 분인 줄 알았어요."

유혜경 씨는 오정현 목사의 실체를 확인해 가면서 생각이 바뀌었다.

"지금은 목사도 사람이기 때문에, 아니 목사의 탈을 쓰고 더 도둑질할 수도 있겠구나 싶어요. 목사들이 제일 부자일 수 있겠구나 싶어, 특히 대형 교회 목사들은."

임현희 권사는 비교적 늦게 신앙생활을 시작한 남편 및 자녀와 함께 사랑의교회에서 신앙생활을 해 왔다. 오정현 목사의 자질은 남편과 자녀가 먼저 알아봤다. 그들은 오정현 목사가 좀 이상하다고 느끼고 사랑의교회에 가는 걸 달가워하지 않았다. 임현희 권사는 순장이었기 때문에 매번 그들을 설득해야 했다.

"남편과 아들이 지적할 때마다 저는 가능한 좋게 이야기하려고 했어요. 목회자에 대해서 부정적인 시각이 생기면 신앙생활 하기가 힘들잖아요. 그러다 보니 저 스스로도 굳이 단점들을 보지 않으려고 노력했어요. 저 스스로를 세뇌한 거죠."

오정현 목사의 실체가 드러나는 것은 임현희 권사에게도 아
픈 일이었다.

"그 배신감은 이루 말할 수가 없어요."

60년간 의심하지 않았던 목회자에 대한 존경과 신뢰가 금이
가다 못해 와장창 깨져 버리는 일은 생각보다 고통스러웠다. '이
런 건가? 정말 한국교회 목회자들이 이런 건가?' 실망과 절망의
경험은 그의 생각을 크게 바꿔 놓았다.

"좋게 말하면 목사들도 분별해야 한다는 생각이 생긴 것이고,
나쁘게 말하면 목사들을 신뢰하지 못하게 된 거죠. 그런 슬픈 일
이 지금 저에게 동시에 일어나고 있어요."

실망과 절망의 대상은 오정현 목사뿐만이 아니었다. 부교역
자들의 모습 또한 목회자에 대한 신뢰를 깨뜨렸다. 사랑의교회 사
태를 지나오면서 100명이 넘는 사랑의교회 부교역자 중 오정현
목사에게 바른 소리를 한 사람은 1명도 없었다. 부교역자들은 오
히려 오정현 목사를 감싸고 교인들을 단속하기 바빴다. 물론 오정
현 목사에게 문제가 있다고 생각한 사람도 있었지만, 그들은 그저
조용히 교회를 떠날 뿐이었다.

서정식 집사는 마당 기도회가 한창이던 때 집으로까지 찾아
온 한 부목사를 잊지 못한다.

― 집사님, 왜 마당 기도회에 나가십니까.

― 목사님은 정말 오정현 목사님에게 문제가 없다고 생각하세
요? 그리고 지금 밤 12시가 다 돼 갑니다. 다음에 얘기하시죠.

– 집사님, 기도하려면 제발 집에서, 저희 눈에 안 보이게 해 주세요.

그 부목사는 저녁 8시부터 몇 시간째 같은 말을 반복했다. 서정식 집사에게 마당 기도회에 나가지 말라고, 계속 갈 거면 순장직을 내려놓으라고 말하기 위해 집까지 찾아온 것이었다. 결국 서정식 집사는 7년 여간 헌신해 온 순장을 그만둘 수밖에 없었다. 얼마 전까지 함께 신앙생활 하며 교제했던 부교역자들에 대한 배신감도 오정현 목사에게 느낀 것 못지않았다. 서정식 집사 또한 이전까지 목회자는 거룩한 소명을 받은 사람이라고 생각했다.

"그냥 직장이었구나, 밥벌이였구나…… 그때 너무 리얼하게 알아 버렸어요."

목회자에 대한 실망은 역설적으로 사랑의교회갱신공동체 교인들에게 '회개'를 불러일으키기도 했다. 교인들 또한 '그런 목회자들'을 만든 책임에서 자유로울 수 없다는 자각이었다. 그래서 마당 기도회에서는 사랑의교회 본질 회복을 위한 기도와 함께 회개 기도를 참 많이도 했다. 김성만 집사는 '결국 이게 사랑의교회 모습이구나'라는 생각에 얼굴을 들 수 없었다. 그에게는 사랑의교회 교인이라는 것에 자부심이 있었다. 오정현 목사의 실체가 한 겹씩 벗겨질 때마다 그 자부심도 조금씩 떨어져 나갔다. 소위 '잘나가는' 교회에 다닌다는 자부심은 그저 교만일 뿐이었다고 하나님이 질책하시는 것 같았다.

또 한 가지 그가 깨달은 것은 교인들이 목회자를 대하는 태도였다.

"목회자를 하나님의 종, 주의종이라고 표현하지만, 사실은 교회의 모든 권력이 목사에게 집중돼 있잖아요. 그리고 실제 성도들도 자기는 못 먹어도 목사님에게는 좋은 걸 대접하려고 노력하고요. '그게 나쁜 것이냐'는 두 번째 문제고요. 저는 이런 생각을 합니다. 그런 것들이 합력하여 선을 이룬 것이 아니라, 실은 목사님들을 잘못된 길로 가게 했을 가능성이 높다……. 그래서 이제부터는 그렇게 해서는 안 되겠다고 생각하고, 저 스스로도 조심하려고 노력해요. 어떤 목사님을 뵐 때 존경과 대접은 해야겠지만, 그분이 오해할 정도로 해서는 안 되겠다고."

3

오정현 목사의 실체를 밝혀내는 데 힘을 쏟는 동시에 사랑의 교회갱신공동체를 지속해 나가는 것도 중요한 일이었다. 초창기 사랑의교회갱신공동체는 자신들을 또 다른 '교회'로 정체화하지 않았다. 몇 년 전까지 '예배'라는 말을 쓰지 않고 '마당 기도회'라는 말을 그대로 썼다. '분리 예배'를 처벌하는 교단법을 피하기 위해서이기도 했지만, 무엇보다 그들 스스로 사랑의교회 교인이라는 의식이 있었기 때문이다. 단지 담임목사에 대한 입장이 다를 뿐이다. 그리고 김근수 집사나 김성만 집사의 생각처럼, 사랑의교회갱신공동체가 진짜 사랑의교회 정신을 잇고 있다는 '본류 의식'이 있다.

운영 차원에서 봐도 사랑의교회갱신공동체는 특이했다. 사랑의교회가 서초 예배당으로 이전한 2013년 11월부터 8년 넘게 매주 다른 설교자를 초청해 마당 기도회를 해 왔다. 8년 넘게 매주 다른 사람을 설교자로 섭외한다는 것은 그만한 조직력과 실행력이 없으면 불가능한 일이다. 다른 어떤 분쟁 교회도 이렇게 하지는 못했다. 사랑의교회갱신공동체는 복음주의적 신앙·신학을 견지하면서도 교회 개혁에 동의·동참하는 목회자 및 교수를 많이 초청했다. 반대로 말하면 사랑의교회갱신공동체에 설교하러 온다는 사실 자체가 그 목사·교수의 성향을 보여 주는 일이기도 했다.

불행 중 다행으로 목회자에 대한 트라우마가 모든 목회자에게 적용되지는 않았다. 교인들은 오히려 마당 기도회에 설교하러 와 주는 이들에게 감사해야 하는 상황이었다. 사랑의교회갱신공동체에 설교하러 오는 것만으로도 불이익을 감수해야 했기 때문이다. 사랑의교회와 같은 초대형 교회는 한국교회 전반에 알게 모르게 큰 영향을 끼친다. 가뜩이나 학연·지연이 많이 작용하는 목회자 사회에서 사랑의교회와 척지는 일은 좋을 게 없다. 사랑의교회가 속한 예장합동 교단 목회자라면 징계도 각오해야 했다. 실제로 예장합동 소속으로 사랑의교회갱신공동체에서 설교했던 이남정·정준경·진화용 목사 등은 사랑의교회가 속한 동서울노회에서 소환 조사를 받기도 했다.

섭외에 어려움이 있었지만, 매주 다른 목사의 설교를 들을 수 있었던 건 어찌 보면 큰 혜택이었다. 오정현 목사 설교와의 수준 차이는 둘째 치더라도, 강남 대형 교회만 다녀서는 절대 들을 수 없는 다양한 설교를 들을 수 있었기 때문이다. 특히 예장합동 소속 교회에서는 잘 들을 수 없는, 그리스도인으로서 정치와 사회문제 등을 어떻게 바라봐야 하는지 이야기하는 설교자들이 있었다. 사랑의교회갱신공동체가 이어져 온 지난 10년간 한국 사회는 그야말로 격동의 시기였다. 세월호 참사가 있었고, 대통령이 탄핵됐으며, 정권이 두 번이나 바뀌었고, 이태원 참사라는 또 다른 인재를 겪었다. 이런 상황에서는 더욱 신앙 따로, 정치와 사회문제 따로 생각할 수가 없다. 미덕이 되지 않는다며 말하지 않는 것보다 건전한 성경적 시각을 가지는 것이 필요하다.

사랑의교회는 제자 훈련으로 유명했을 때도 '부자 교회'라는 비판을 피하지 못했다. 옥한흠 목사도 이를 고민한 바 있다. 물론 모든 교인이 부유한 것은 아니었으나, 지리적 특성과 규모를 봤을 때 소득과 교육 수준이 비교적 높은 사람이 많은 것은 사실이었다. 자본주의사회에서는 돈이 곧 기득권이다. 한국에서 가장 보수적인 교단 중 하나인 예장합동 소속에다, 서울 강남이라는 지리적 특성, 출석 교인 3만 명이 넘었던 '메가 처치'에 다니는 사람들이 정치적·사회적으로 보수 성향이 강하지 않다면 그것도 이상한 일일 것이다. 이는 사랑의교회갱신공동체에 속한 교인들도 마찬가지였다.

갈등이 터져 나올 때도 있었다. 간혹 설교자들이 설교 내용의 자연스러운 흐름 속에서 보수 정치권의 정책을 비판하는 이야기를 할 때면 예배당에는 묘한 긴장감이 흘렀다. 일생을 목회와 복음주의 사회 선교에 헌신해 온 강경민 목사가 보수 정권의 대북 정책을 비판하자 자리를 박차고 나가는 교인들도 있었다. 어떤 이는 예배가 끝난 후 강경민 목사 면전에서 그를 대놓고 훈계했다. 설교 내용을 두고 교인들 사이에 말이 많아지자, 설교자 섭외를 맡은 팀에서 교인들에게 공식 사과를 하기도 했다. 이런 상황은 사랑의교회갱신공동체를 돕기 위해 온 설교자에게는 상당히 모욕적인 일이었다. 강경민 목사는 2016년 7월 이렇게 썼다.

내가 갱신위에 대해 오해했던 것은 그분들이 참으로 '신학적 회심'을 하고 계신 분들이라는 점이다. 선입견이었다. 엄밀히 말하면 그분들의 대다수를 반오정현 그룹이라고 말하는 게 옳지 않을까 싶다. 물론 오정현 목사의 행태가 너무나 실망스럽기 때문에 반오정현의 편에 서기만 해도 일정하게 개혁 그룹이 된다는 것은 슬픈 진실임에 틀림없다. 그런 정신이라도 있어야 한다고 생각하기에 여전히 응원하고 싶다. (중략)

사랑의교회갱신위에 속한 교인들께 간절한 마음으로 부탁드리고 싶다. 당신들은 반오정현 정신 때문에 그 고통스럽고 지난한 싸움을 하는 게 아니지 않은가? 옥한흠 목사님이 가르친 제자 훈련의 정신을 살려 보자는 신앙적 몸부림 아닌가! 옥 목사님의 제자 훈련은 주님의 뜻을 분별하고 그 뜻에 순종하는 삶을 회복하자는 거다. 문제는 삶이다. 예수의 삶을 위해 제자 훈련이 필요한 것이지 제자 훈련을 위해 예수가 필요한 게 아니다.

세월호 참사도 사랑의교회갱신공동체에서 쉽게 이야기할 수 있는 주제는 아니었다. 세월호 참사 피해자들이 원하는 진실 규명과 책임자 처벌은 정치 영역에서 해결해야 할 문제이기에, 당연히 정치와 관련한 일이었다. 그리고 진실 규명에 적극적이지 않고 오히려 외면하려 했던 정권들은 당연히 비판의 대상이 됐다. 하지만 일부 교인은 보수 정권을 비판하는 것에 공공연하게 불편함을 드러냈다. 급기야는 몇몇 설교자가 달고 온, 세월호를 상징하는 '노란 리본 배지' 자체를 비난하는 사람도 있었다. 사랑의교회갱신공동체에서조차 세월호가 금기어처럼 돼 버린 현실에 대해, 〈뉴스앤조이〉 김종희 전 대표는 2016년 4월 이렇게 쓴 바 있다.

사랑의교회 마당 기도회에 참석하는 분들은 어쩌면 다행이다. 몇 년째 좋은 설교자들을 돌아가면서 초청해서 듣는다. 분쟁을 겪는 교회가 장기간 이렇게 하는 경우는 없었다. 지금도 뭐가 옳은지 모른 채 탐욕에 지배당한 목사의 설교를 듣고 있다고 생각해 보라. 소름이 돋을 것이다. 어쩌면 차라리 지금이 더 감사한 상황일지 모른다.

그런데 그러고만 있을 것인가. 슬픔과 분노에만 잠겨 있을 것인가. 매주 좋은 설교만 듣고 있을 것인가. 소송전만 벌이고 있을 것인가. 절대로 멈추라는 뜻은 아니다. 하지만 자신이 품고 있는 아픔과 슬픔을 가지고 세월호 가족들을 만나 손이라도 잡아 보았는지 궁금하다. 안산에 가서 그분들을 안아 보았는지, 단원고 교실에 가서 눈물을 쏟아 보았는지, 광화문에 가서 촛불 예배에 한 번이라도 참여해 보았는지 궁금하다. 아마 그분들을 만나고 나면 '지금 내가 당하는 이 고통은 정말 아무것도 아니구나' 싶을 것이다.

얼마나 많은 사람들이 이 나라에서 억울하게 종북, 좌빨, 빨갱이로 매도되고 있는가. 사랑의교회 마당 기도회 교인들도 그런 매도를 당할 것이다. 하지만 자기가 그런 오해를 받는 것은 억울하면서, 세월호 가족, 위안부 할머니, 밀양 할머니, 수많은 노동자들이 그렇게 처참히 짓밟히는 것에 무감하다면, 그 모순을 어떻게 설명할 수 있을까.

내가 내막도 모르면서 단정적으로 썼을지 모르겠다. 내가 틀렸으면 좋겠다. 그러면 희망이 있다. 사랑의교회의 진정한 개혁의 완성은 나쁜 놈을 쫓아내는 것이 아니다. 세월호 가족으로 상징되는 이 땅의 수많은 을들에게 '상처 입은 치유자'가 되는 것이다. '작은 예수'가 되는 것이다. '제자 훈련'은 그러라고 해야 하는 것이다. 그러면 이긴 것이다. 그런데 그게 가능할까?

그로부터 8년이 지났지만, 사랑의교회갱신공동체 설교 시간에 정치적·사회적 이슈를 이야기하는 것은 여전히 민감한 일이다. 외부 설교자에게 여전히 "정치적·사회적 이야기는 삼가 주시길" 부탁한다. 사랑의교회갱신공동체라는 특수한 상황에 있는 사람들에게 괜한 내분을 불러일으킬 만한 이야기를 하지 않는 것이 미덕이라고 할 수 있을지 모르나, 한 인간의 삶에 전인격적 영향을 미치는 신앙에 대해 이야기하면서 그 삶과 분명한 영향을 주고받는 정치와 사회문제를 억지로 이야기하지 않는 것 또한 부자연스러운 일이다.

"그렇게 된다면 우리 신앙이 정치에 뒤지는 결과밖에 되지 않는다고 생각해요."

김성만 집사는 조심스럽게 입을 뗐다. 그는 보수적인 이야기든 진보적인 이야기든, 다양한 이야기가 나오는 것이 사랑의교회 갱신공동체 강단의 장점이라고 생각했다.

"'왜 신성한 강단에서 정치 이야기를 하느냐'고 하는데, 사실 본인이 그 순간 정치적으로 반응하는 거거든요. 자신의 정치적 입장과 맞지 않기 때문에 그런 것 아닙니까. 그럴 땐 그냥 설교자 입장에서 한번 생각해 보고, 그래도 공동체 내에서 이야기가 필요하다고 느낀다면 절차를 밟아서 공론화하는 게 좋은 방법인 것 같아요."

사실 정치적 입장에 따라 '내 편'과 '네 편'을 가르는 일은 현재 한국 사회에서 가장 큰 갈등이라고 해도 과언이 아니다. 화해자의 역할을 감당해야 할 교회 또한 이 갈등에서 자유롭지 않다는, 아니 어찌 보면 교회 안에서 더욱 갈등이 첨예하다는 사실은 안타까운 지점이다. 이는 개혁적이고 진보적인 성향을 가진 교회라고 해서 예외가 아니다. 이런 현상을 보면 교회에서도 복음이 아니라 정치 논리가 우선시되는 것 아닌가 싶을 정도다. 정치적 입장에 따른 갈등을 어떻게 전환할 것인가는 사랑의교회갱신공동체뿐 아니라 모든 교회가 풀어야 할 숙제다.

✝

2020년 1월 15일 오후 4시 서울 강남 르메르디앙호텔의 한 회의실. 사랑의교회갱신공동체 권영준 장로와 김근수 집사, 사랑의교회 강희근 장로와 백성호 사무처장, 당시 예장합동 부총회장이었던 소강석 목사가 모였다. 최종 '합의'를 하는 자리였다. 이미 사전 작업을 마쳤기 때문에 서로 얼굴 붉히는 일은 없었지만, 그렇다고 썩 밝은 분위기도 아니었다. 권영준 장로는 강희근 장로와 합의서를 교환하고 악수했다. 마지막으로 다 같이 손을 잡고 기도하자는 소강석 목사의 제안에 양측은 어색하게 손을 잡았다.

소강석 목사는 2019년 7월부터 사랑의교회 문제에 뛰어들었다. 두 달 뒤 총회에서 교단 부총회장에 당선될 것이 유력했기에, 부총회장 자격으로 사랑의교회갱신공동체와 오정현 목사 측을 만나 합의를 위한 물밑 작업을 했다. 합의와 결렬을 반복하다, 결국 2019년 12월 사랑의교회 오정현 목사 및 강희근·김회재 장로와 사랑의교회갱신공동체 김두종·권영준 장로가 비공개로 만나 합의안 초안을 도출했다. 당시 사랑의교회 측에서 제공한 사진을 보면, 소강석 목사와 오정현 목사의 어색한 웃음이 무색하게 김두종·권영준 장로의 표정은 굳어 있다.

합의안에 따라 양측은 서로에게 걸었던 소송을 모두 취하했다. 사랑의교회갱신공동체는 오정현 목사의 정년인 2026년 말까지 강남 예배당을 사용할 수 있고, 필요 시 사용 기한을 2년 더 연장할 수 있게 됐다. 오정현 목사는 그간 자신 때문에 벌어진 일에 대한 사과문을 언론에 발표하기로 했다.

－오정현 목사님이 사과문 발표 등 합의 내용을 구체적이고 성실하게 이행할 수 있게 해 주십시오.

불안했을까. 최종 합의 자리에서 권영준 장로가 마지막까지 당부했다.

– 부족한 부분, 사과할 부분이 있다고 하면 충실히 사과하고 화합할 겁니다. 자세한 내용은 교회에 맡겨 주시면 좋겠어요. 교회가 판단해서 진솔하게 입장을 표명할 겁니다.

강희근 장로가 웃으며 답했다.

옆에서 소강석 목사가 거들었다.

– 오정현 목사님이 사과를 잘 이행할 거예요. 저를 믿어 주세요.

하지만 바로 다음 날 언론에 발표된 오정현 목사의 사과문은 사과라고 하기에도 민망한 수준으로 두루뭉술했다. 자신의 잘못에 대한 내용은 "담임목사로서 저의 여러 가지 부족함과 미흡함에 대해 깊은 책임을 느끼고" 이 문구가 다였다. 사랑의교회갱신공동체로서는 받아들일 수 없는 사과문이었다. 합의 사항은 오정현 목사의 진정한 사과 빼고 모두 이행되고 있다.

"제대로 사과해야죠. 시간이 얼마나 지났든."

김근수 집사는 지금도 오정현 목사가 합의를 제대로 이행하기를 기다리고 있다.

오정현 목사 측과 합의하는 것은 사랑의교회갱신공동체에 쉽지 않은 결정이었다. 합의를 반대하는 사람도 많았다. 이들은 사랑의교회 갱신의 제1 대상인 오정현 목사가 아직도 담임목사 자리를 지키고 있다는 사실 하나만으로도 합의는 정당성이 없다고 판단했다. 반면, 좀 더 현실적인 측면에서 생각하는 사람들도 있었다. 오정현 목사가 여전히 건재하다는 사실은 개탄스럽지만, 결국 사랑의교회갱신공동체의 노력을 통해 오정현 목사의 실체가 드러나게 됐으니 이제는 다음 스텝을 밟아야 한다는 것이었다.

7년 동안 지속된 소송전도 교인들을 지치게 했다. 소송이 100개가 넘었고, 소송비용으로만 수억 원을 썼다. 이대로 계속 간다면 또 얼마나 많은 소송이 기다리고 있을지도 알 수 없는 노릇이었다. 썩 마음에 들지 않지만, 현실적인 생각을 하지 않을 수 없었던 것이다.

"반대하시는 분도 많았어요. 합의한 후로 많이들 떠나셨어요."

현재 사랑의교회갱신공동체 운영위원장을 맡고 있는 김근수 집사는 무거운 마음을 감추지 못했다. 합의 후 곧바로 코로나19 시대가 시작됐다. 사랑의교회갱신공동체는 교인들을 추스를 겨를도 없이 전대미문의 감염병 시대를 맞아야 했다.

오정현 목사와의 싸움을 공식적으로 일단락했다는 것의 의미는 컸다. 이후의 상황은 사랑의교회갱신공동체에 새로운 도전이 됐다. 정해진 기한 동안 안정적으로 강남 예배당을 사용할 수 있게 됐으니, 이제 어떤 공동체를 만들어 갈 것인지, 기한이 끝난 후에는 어떤 공동체로 존재할 것인지 고민하지 않을 수 없게 된 것이다. 물론 이미 7년을 지내 오면서 어떻게 공동체를 꾸려 갈 것인지 이야기하지 않은 것은 아니었으나, 그것은 언제나 '제2의' 과제였다. 이제는 남은 기간 동안 정말 그런 공동체를 구현해 내야 하는 상황이 됐다.

사실 사랑의교회갱신공동체는 새로운 교회의 모습을 구현하는 시기가 많이 유예됐다고 볼 수 있다. 합의 전 사랑의교회갱신공동체의 가장 중요한 과제는 어찌 됐든 '오정현 목사 타도'였다. 7년간 공동체 내부에서도 여러 사건이 있었고 그럴 때마다 공동체 운영에 관한 여러 이견이 있었지만, '오정현'이라는 명확한 개혁의 대상이 있었기에 그 차이들을 덮고 올 수 있었다. 오정현 개인에게 문제 제기하는 것에 그치지 말고 이 시대 진정한 제자 훈련이 무엇인지 보여 줬으면 좋겠다는 외부의 여러 기대와 비판도, 당장 오정현 목사와의 싸움이 끝나지 않았기에 조금 누그러뜨릴 수 있었다. 하지만 이제는 상황이 바뀌었다. 사랑의교회갱신공동체의 제1 과제가 '타도 오정현'에서 '아름다운 공동체 만들기'로 변화한 것이다.

"오정현 목사와 싸우던 시기를 갱신 1기로 본다면, 이제야 갱신 2기가 된 거죠."

현재 사랑의교회갱신공동체 운영위원을 맡고 있는 임현희 권사의 어깨가 무겁다. 한때 약 1500명이었던 사랑의교회갱신공동체 교인들은 해를 거듭할수록 줄어들었다. 코로나19를 견디고 난 지금은 400~500명이 남아 있는 것으로 파악하고 있다. 이들과 함께 어떤 공동체를 만들어 갈지, 마당 기도회 10년을 맞은 지금에야 진지하게 이야기해야 할 때가 왔다.

✝

– '나는 왜 여기에 있는가.' 성도 각 사람이 돌아보고 정체성을 깨달아, 하나님이 무엇을 요구하시는지 거룩한 소명감과 순종으로 하나님이 주목하시는 건강한 공동체로 나아가게 하소서.

2023년 3월 12일, 사랑의교회갱신공동체 주일예배 대표 기도는 김성희 권사가 맡았다. 나긋하지만 또렷한 목소리가 조용한 지하 예배당에 울려 퍼졌다. 김성희 권사는 무엇보다 사랑의교회 갱신공동체 내 화평을 위해 기도했다. 생각이 다르고 마음에 들지 않아도, 그 다름을 존중하는 겸손한 마음을 달라고 기도했다. 개혁의 밑그림을 그리는 운영위원회에도 지혜와 통찰력을 주시길 간구했다. 지금 사랑의교회갱신공동체가 어떤 것을 가장 중요하게 여기는지 들려주는 기도였다.

주일예배 대표 기도를 권사(여성)가 하는 건 사랑의교회가 소속한 예장합동 교단 교회에서는 볼 수 없는 모습이다. 예장합동에서 안수직(목사·장로·안수집사)은 남성만 할 수 있고, 주일예배 대표 기도는 주로 장로들이 돌아가면서 한다. 사랑의교회갱신공동체에서는 장로든 권사든 집사든 상관없이 돌아가면서 대표 기도를 한다. 대표 기도뿐 아니라 예배 사회도 돌아가면서 한다. 여성이라고 강단에 서지 못할 이유가 없다고 본 것이다.

'권위'에 대한 반감도 있다. 10년간의 사랑의교회 본질 회복 운동에서 깨달은 것은, 기성 교회가 담임목사에게 과도한 권위를 실어 준다는 점이었다. 목사에게 잘해 주는 것 자체를 잘못이라고 할 수는 없지만, 김성만 집사의 말처럼 그것이 과연 목사들에게 선하게 작용했는지는 따져 봐야 할 일이다. 사랑의교회갱신공동체는 이러한 불필요한 권위를 없애기 위해 노력했다. 성별에 상관없이 돌아가면서 예배 사회와 기도를 하는 것도 그 일환이다. '마당 찬양대'라고 부르는 성가대가 가운을 입지 않는 것도 그렇다.

사랑의교회갱신공동체는 2022년 초 목사 3명을 공식 청빙했다. 설교와 목양을 전담하는 목회자가 필요하다고 판단했다. '설교 목사' 1명과 '목양 목사' 2명을 데려왔다. 사랑의교회갱신공동체의 특수성에 따라 행정과 목회는 철저하게 구분돼 있고, 사실상 목사들에게 주어진 권한은 많지 않다. 전반적인 운영은 운영위원회(12명)와 사역협의회(40명)에서 논의한다. 굳이 장로교회에 빗대자면 운영위원회는 당회, 사역협의회는 제직회라 할 수 있다. 목사들은 운영위원회가 아닌 사역협의회에 들어간다. 이견이 있는 안건에 대해서도 다수결보다는 토론과 설득을 통한 만장일치를 선호한다.

다시 새롭게 시작하는 마음이지만 크고 작은 갈등들은 여전히 존재한다. 특히 앞에서 언급했던, 사람을 정치 성향만으로 판단하는 일이 그렇다. 이는 지금 한국 사회 전반에서 일어나는 가장 큰 갈등이기에 해법을 찾는 일 또한 쉽지 않을 것이다. 상황을 낙관하는 것은 아니지만, 그래도 사랑의교회갱신공동체 교인들은 지난 10년간 함께 울고 웃었던 시간이 헛되지는 않을 것이라 생각한다. 김성희 권사의 기도처럼 "다양한 의견을 소통해 최선의 과정을 이뤄" 내리라 믿고 간구하고 있다.

"갱신은 결국 인격으로 드러나는 것 같아요."

서정식 집사는 지난 10년간의 과정에서 깨달은 바가 있다. 갱신이란 무엇인가. 그는 많이 고민했다. 목사의 잘못을 밝혀내는 것만이 갱신은 아니었다. 다른 사람을 향해 외쳤던 갱신이라는 말은 결국 자신에게 돌아왔다. 서정식 집사에게 갱신은 인격의 변화이고 삶의 변화다. 그래서 평생 안고 가야 할 과제다. 사랑의교회갱신공동체가 정말 갱신을 위해 몸부림친다면, 좀 더 성숙한 인격을 지닌 사람이 되어 다른 사람을 함부로 판단·정죄하는 일들은 자연스럽게 사라질 것이라 본다.

"저는 무엇보다 후대에 어떤 신앙의 유산을 물려줄 것인가 생각하게 돼요. 그들이 따라 올 수 있는 가교가 되도록, 우리 모습을 통해 본을 보여야겠죠."

사랑의교회갱신공동체가 교권의 압박 속에서도 10년을 함께할 수 있었던 이유는, 결국 이것이 '옳은 길'이라고 믿었기 때문이다.

"하나님께서 우리 공동체를 이끄신다, 우리의 주장이 하나님 말씀에 비춰 봤을 때 맞다는 확신이 있었어요."

가시밭길이었지만 김성만 집사는 즐겁게, 힘 있게 걸어올 수 있었다. 감옥에서도 기뻐했다던 사도 바울의 심정을 조금이나마 알 것도 같았다. 상황을 새롭게 해석할 수 있는 능력, 공동체가 그런 능력을 갖추기를 하나님께서 원하시는 것 같았다.

돌아보면 고통스러운 순간마다 하나님의 손길이 있었다고 고백하지 않을 수 없다. 중요한 소송들에서 이긴 것 또한 기적이다. 오정현 목사의 자격에 관한 소송과 서초 예배당 도로점용 소송은 모두 대법원까지 가서 파기환송된 후 최종 승리했다. 저들의 자본과 권력에 비할 때 절대 이길 수 없을 것이라고 임현희 권사는 생각했다. 그래서 그는 이 승소를 하나님이 사랑의교회갱신공동체에 주신 선물이라고 여겼다.

"이 선물을 왜 주셨을까요. '그래, 너희 고생했으니 이제부터는 편하게 먹고살아라' 하고 주셨을까요? 그건 아닌 거죠. 저는 하나님이 '내가 너희를 보고 있다. 그리고 너희와 함께할 것이다. 그러니 일하라'고 말씀하시는 걸로 받아들였어요. 하나님이 주목하시는 곳에 주목하면서 일할 수 있는 교회를 만들어야겠다 싶어요. 그게 구체적으로 무엇인지는 아직 모르겠지만. 지금은 그런 의견을 모아 가는 과정이에요. 이제 누구에게 '회개하라, 갱신하라' 말하기보다, 우리 스스로가 하나님 보시기에 정말 좋은 교회로 자리 잡아야 하지 않을까……. 우리 공동체가 그래야 한다고 생각합니다."

2

뜰교회

'행복한 신앙생활'을 찾아 떠나다

"

'행복한 신앙생활'. 뜰교회 교인들이 추구하는 것이다.
기독교는 기본적으로 죄와 회개의 종교이지만,
그것이 항상 죄책감에 절어서 살아야 한다는 뜻은 아니다.
오히려 하나님의 은혜로 죄에서 해방되어 진정한 행복,
진정한 인간됨을 누리는 것이 신앙생활이라 할 수 있다.

"

✝

오늘날 한국교회 목회자와 교인들이 동성애를 심각하게 오해하고 있다는 것은 부인할 수 없는 사실이다. 독버섯처럼 퍼진 교계 반동성애 강사들의 주장은 왜곡되고 과장됐으며, 때로는 아예 사실과 다르기도 하다. 문제는 이런 주장을 보통의 목회자들이 아무런 거리낌 없이 강단에서, 교인들이 모인 채팅방에서 전파한다는 데 있다. 소위 '반동성애 운동'의 성과라면 성과이겠으나, 그것은 곧 한국교회의, 나아가 한국 사회의 불행이다.

'보수'와 '진보'라는 성향 차이를 떠나, 일반적인 상식을 가지고 있는 사람이라면 교회를 중심으로 퍼지는 반동성애 주장이 잘못됐다는 사실을 금방 간파할 수 있을 것이다. 일례로 '성평등'을 이야기하면 곧바로 '동성애 옹호'라며 발끈하는 논리가 제대로 됐을 리 없다. '성평등'이라는 용어는 모조리 '양성평등'으로 고쳐야 한다며 '성평등 NO, 양성평등 YES'를 외치면서, 정작 자신들의 교회에서 양성평등조차 실천하지 않는 모습은 우스꽝스럽기까지 하다.

이런 허위·왜곡·과장 정보를 강단에서 거침없이 이야기하는 목사들의 심리는 무엇일까. 자신들은 진리를 설파한다고 굳게 믿고 있겠지만, 그것이 틀렸을 때 어떤 책임을 어떻게 질 것인지 고민해 봤을까. 어떤 교인들에게는 그 말들이 폭력이 된다는 사실을 알고 있을까. 안타깝게도, 강단에서 아무 말이나 쏟아 내는 목사일수록 이런 고민은 하지 않을 가능성이 높다. 그렇다면 그것은 진리 설파가 아닌 그저 교인들을 무시하는 태도 이상도 이하도 아니다.

아무 말 하지 않는다고 해서 교인들이 아무것도 모르는 것은 아니다. 그리고 누군가를 배척하고 정죄하는 날 선 말들이 교인들의 영혼을 풍요롭게 할 리는 없다.

반동성애와 극우 정치에 경도된 목사 때문에 수년간 심령이 메말라 버린 교인들이 있었다. 보수적인 지역에서 평생 보수적인 교회를 다니며 신앙생활을 해 온 사람들이다. 이들은 작은 교회에서 뛰쳐나와 더 작은 교회가 됐다. 경상남도 의령에서 모이는 '뜰교회' 이야기다.

모인 지 이제 2년이 된(인터뷰 당시) 뜰교회는 교인이 총 6명이다. 모두 경남 진주에 있는 A교회에서 20년 넘게 신앙생활을 해 왔다. A교회는 전 교인이 30여 명인 작은 교회다. A교회를 뛰쳐나와 이제 뜰교회로 모이는 사람들은 모두 A교회 장로·권사·집사였다. 교회학교 교사와 순장(구역장) 등 여러 가지 봉사를 했고, 십일조는 물론 각종 헌금 생활도 열심이었다. 그러던 그들은 ㄱ 담임목사의 반복되는 반동성애와 극우 정치 설교에 질려, 자기 자신보다 더 아끼던 교회를 떠날 수밖에 없었다.

규모로만 보면 초미니(?) 교회지만, 뜰교회 교인들의 이야기는 규모를 불문하고 보통의 기성 교회에서 언제라도 일어날 수 있는 일이다. ㄱ 목사는 '특별히 나쁜' 목사가 아닌 한국교회에서 볼 수 있는 보통의 목사일 뿐이다. 목사가 강단에서 던지는 말들이 교회 분위기를 어떻게 만드는지, 교인들은 그것을 어떻게 받아들이고 참아 왔는지, 새로운 교회에서 추구하는 것은 무엇인지, 2023년 4월 뜰교회 교인 6명을 인터뷰했다.

2023년 4월 16일 뜰교회를 방문했다.
예배가 끝난 후 몸이 아픈 교인을 위해 기도하는 뜰교회 교인들.

1

　－김형택 장로님이 사임계를 제출하셨습니다.

　2020년 11월 1일. 여느 때와 다름없었던 주일예배는 한순간에 어그러지고 말았다. 주혜영 집사(44)는 강대상에 서 있는 ㄱ 목사의 말에 정신이 번쩍 들었다. 김형택 장로(59)는 A교회 최초이자 유일한 장로였다. 그런 그가 교회를 떠난다니……. 그러고 보니 오늘 김형택 장로와 아내 김정자 집사(59)가 예배에 출석하지 않았다. 충격은 거기서 끝이 아니었다. 이후 이어진 ㄱ 목사의 말에 주혜영 집사는 큰 망치로 머리를 한 대 맞은 것 같은 느낌을 받았다.

　－김 장로님과 이야기를 해 봤는데, 장로님은 동성애를 지지하시더군요.

　'동성애 지지라고?'

　주혜영 집사는 귀를 의심했다. 김형택 장로가 정말 동성애를 지지하는지는 둘째 치고, 목사가 이 자리에 없는 사람에 대해 일

방적으로 '동성애 지지자'라고 강대상에서 선포하는 것은 '낙인찍기'였다. 주혜영 집사가 A교회에서 20여 년간 봐 온 김형택 장로와 김정자 집사는 그런 이유로 교회를 떠날 사람들이 아니었다. 주집사는 ㄱ 목사가 사실과 다른 이야기를 하고 있다고 직감했다.

강대상에서는 ㄱ 목사의 말이 이어졌다. 대충 자신은 김 장로가 돌아오기를 기다리고 기도하겠다는 말이었던 것 같은데, 주혜영 집사의 머릿속은 이미 뒤죽박죽이라 목사의 이야기가 귀에 들어오지 않았다. 가만히 듣고 앉아 있을 수가 없었다. ㄱ 목사의 이야기가 끝나기도 전에 자리를 박차고 예배당을 빠져나왔다. 곧바로 김정자 집사에게 전화를 걸었다.

– 집사님, 장로님이 동성애를 지지한다는 이유로 교회를 떠난다 카던데…… 정말이에요?

주혜영 집사는 1994년 중학교 2학년 때부터 엄마를 따라 A교회에 다녔다. 교회는 주 집사가 살았던 아파트 단지 상가에 있어 집 창문에서도 보일 정도로 가까웠다. 26년을 다니며 결혼도 하고 아이도 낳았지만 A교회 인근을 떠나지 않았다. 그보다 연배가 있는 교인들은 지금도 주혜영 집사를 "혜영이"라고 부르는 게 더 익숙하다. 주 집사가 중학생 때부터 담임목사였던 ㄱ 목사는 그에게 아버지와 같은 존재였다. 주혜영 집사 본인은 물론 그의 아이들까지 ㄱ 목사에게 세례를 받았다.

'좋다 싫다'를 떠나 A교회는 주혜영 집사에게 집과 같은, 당연히 있어야 하는 곳이었다. 하지만 4~5년 전부터 ㄱ 목사가 조금씩 이상해진다는 느낌을 받았다. 가장 두드러진 변화는 설교 시간에 유독 동성애와 차별금지법을 반대해야 한다는 내용을 자주 말한다는 것이었다.

"차라리 동성애나 차별금지법이 정확히 뭔지나 설명을 해 주고 그랬으면 모르겠는데…… 그냥 무조건 반대해야 한다는 식이었어요."

또 한 가지는 목사와 그의 아내를 비롯한 일부 교인 사이에서 당시 박근혜 정권을 옹호하는 이야기가 자주 나온다는 것이었다.

그런 이야기들이 나올 때마다 "은혜가 떨어지는" 경험을 했다. 특히 동성애와 관련한 내용은 너무나 비상식적이어서 그 진위를 찾아보기도 했다. 역시나 사실이 아니거나 왜곡·과장된 부분이 많았다. 정치적인 입장도 달랐다. 주혜영 집사가 볼 때 박근혜 정권의 잘못은 분명했다. 한때 박근혜 씨가 최순실 씨와 연관돼 기독교 이단 집단의 영향을 받았다는 설이 있었다. 주 집사가 이에 대해 ㄱ 목사에게 물었을 때, ㄱ 목사는 "박근혜 대통령은 가톨릭 신자다"라고 답했다고 한다.

"그럼 가톨릭이면 괜찮다는 거예요? 언제는 또 가톨릭도 이단이니 했잖아요. 그런 이중적인 모습이 싫었어요."

한번은 ㄱ 목사가 전희경 전 국회의원(미래통합당)을 칭찬하는 일이 있었다. 전희경 전 의원이 학생인권조례를 이념 편향적이라며 반대했다는 이유다. 예배가 끝나고 점심 식사 시간, 주혜영 집사는 ㄱ 목사에게 물었다.

─ 목사님, 근데 학생인권조례는 다 읽어 보셨어요? 제가 읽어 보니까 조금 문제는 있어 보여도 어쨌든 우리 사회가 나아가야 할

방향이라는 생각이 들던데요. 이런 걸 이념적으로 편 가르기 하는
전희경 의원이 좀 이상한 거 아니에요?

그렇게 조금 몰아붙이듯 얘기하자, 얼굴이 벌개지며 자신을
훈계하던 ㄱ 목사를 주혜영 집사는 아직도 기억하고 있다.

그래서 김정자 집사와 통화했을 때, 주혜영 집사는 그를 이해
할 수 있었다. 김정자 집사와 김형택 장로도 자신과 비슷한 생각과
경험을 하고 있었던 것이다. 이것을 단순히 '동성애 지지'라고 표
현하는 것은 사실도 아닐 뿐더러 폭력적인 낙인찍기였다. 김 집사
부부가 A교회를 사랑했다는 것은 의심할 여지가 없었다. 20년 넘
게 누구보다 열심으로 교회를 섬겼기 때문이다. 이들이 떠나기로
결심했다는 건 이미 돌이킬 수 없다는 뜻이었다. 그렇지만 주혜영
집사는 달랐다. 그는 김정자 집사와의 통화에서 이렇게 말했다.

– 집사님, 저는 A교회를 지킬게요.

✝

– 나 다녀올게.

중요한 이야기를 하러 가는 것치고 인사는 싱거웠다. 2020년
10월 25일, 김형택 장로는 집을 나서 A교회로 향했다. ㄱ 목사와
독대하는 자리. 23년간 섬겨 온 A교회를 떠나겠다고 말하러 간다
는 사실에 착잡하기도 했지만, 어떤 합의점을 찾기 위한 대화는
아니었기에 일면 덤덤하기도 했다. 그 시점, 김형택 장로는 수년
간 기대했던 ㄱ 목사의 변화에 대한 마음을 접었다. 역시나 2시간

반 넘게 이야기를 나눴지만 결과는 예상을 벗어나지 않았다. 이날 김 장로는 ㄱ 목사에게 장로 사임계를 제출했다.

김형택 장로는 A교회 최초이자 2020년까지 유일한 장로였다. 1989년 세워진 A교회는 1993년 ㄱ 목사 부임과 함께 경남 진주의 한 아파트 단지 상가에 자리 잡았다. 교인이 늘어날 때도 있었지만 출석 교인은 대부분 30~40명 선이었다. 김형택 장로는 아내 김정자 집사와 함께 1997년부터 A교회에 다니기 시작했다. 2009년 안수집사가 됐고 2014년 장로가 됐다. 처음으로 장로가 세워지고 당회가 구성된 '조직 교회'가 되자, ㄱ 목사도 2016년 정식으로 위임목사가 됐다.

A교회를 다니기 전부터 김형택 장로는 ㄱ 목사와 알고 있는 사이였다. ㄱ 목사는 김 장로가 어린 시절 다닌 교회 전도사였다. 김 장로가 진주로 거처를 옮기게 되면서 우연찮게 다시 만난 것이다. 인연이라면 인연이다. 오래전부터 알았고 A교회에서 더 오랫동안 함께 사역했기에 어떤 각별함이 있을 법도 하다. 하지만 김형택 장로와 ㄱ 목사는 그냥 장로와 목사의 관계 이상도 이하도 아니었다. 멀지도 가깝지도 않은 관계. 사람들과 항상 어느 정도 거리를 두는 것이 김 장로의 성격이었다.

그렇다고 교회 일에 소원한 건 전혀 아니었다. 김형택 장로는 23년간 A교회를 다니면서, 교회 재정 관리, 성가대 지휘, 청년회 지도, 교회학교 교사 등 많은 봉사를 감당해 왔다. 작은 교회이지만 최초이자 유일한 장로라는 책임감도 컸다. 그 역시 몇 년 전부터 ㄱ 목사의 설교를 듣기가 힘들어지고 교회 생활이 은혜가 되지 않는다고 느꼈지만, A교회를 떠난다는 생각은 해 본 적 없었다. 같은 이유로 힘들어하는 아내에게 "당신은 다른 교회에 갈 수 있어도, 나는 장로라 못 간다"고 말할 정도였다.

그랬던 그가 A교회를 떠나겠다고 결심한 것이다. 김형택 장로 역시 맥락 없는 반동성애 설교에 지쳤다.

"목사님이 설교하시다가 갑자기 동성애, 이어 가다가 또다시 동성애, 이런 식이니까……. 동성애 이야기만 나오면 아내랑 한숨만 쉬었어요. 은혜가 확 떨어지는 거예요."

교회에서 하도 동성애 반대, 차별금지법 반대 설교가 나오니, 김 장로는 스스로 공부할 수밖에 없게 됐다. 그간 발의된 차별금지 법안들을 읽어 봤다. 법안을 찬찬히 읽어 보니 이 법이 제정된다고 해서 동성애가 조장되는 일은 벌어지지 않는다고 확신하게 됐다. 오히려 지금 한국 사회에 꼭 필요한 법이라는 생각이 들었다.

한번은 ㄱ 목사가 "동성애로 인한 에이즈 환자들 때문에 세금이 낭비되고 있다"고 말한 적이 있었다. 이는 반동성애 진영의 단골 멘트다. 김형택 장로는 과연 그러한가 찾아봤고, ㄱ 목사가 말한 금액과는 차이가 있다는 점을 발견했다. 또 범죄로 수감된 사람들에게 들어가는 세금은 얼마인지도 찾아봤다. 그 금액은 감염병 예방 차원에서 에이즈 환자들에게 들어가는 세금에 비하면 턱없이 높았다.

"그런 게 이상했던 거죠. 정말 세금 낭비를 이야기하고 싶으면, 왜 이런 건 이야기하지 않는지. 게다가 이 사람들은 범죄를 저지른 사람들인데. 이 사람들이 나쁠까, 동성애자들이 나쁠까. 교회는 왜 범죄도 저지르지 않고 힘도 없는 동성애자들에게만 뭐라고 할까."

코로나19에 대한 대처도 마음이 떠나는 또 한 가지 이유였다. A교회는 ㄱ 목사의 지시에 따라 코로나19가 창궐하던 때에도 대면 예배를 진행했다. 정부의 비대면 예배 조치를 '예배 탄압'이라 여겼다. 김형택 장로는 코로나19 감염자 수가 많아지는 기간에는 대면 예배를 자제하자고 교회 장로로서 제안했지만 받아들여지지 않았다. 그는 ㄱ 목사의 조치를 이해할 수 없었다. 안 그래도 교회가 집단감염의 주범으로 지탄받고 있는데 혹여나 A교회에서도 터진다면, 나이가 많을수록 코로나19로 위중증에 걸릴 확률이 높은데 만약 나이 많은 교인들이 감염된다면, 대체 어떻게 책임을 지려고 저러나…….

김형택 장로의 아내 김정자 집사도 이 부분에서 크게 실망했다. 김 집사는 학생을 많이 만나는 직업 특성상 코로나19에 걸리면 치명적이었다. 하지만 교회는 대면 예배를 고집하며, 여러 이유로 예배당에 나오지 못하는 사람들에 대한 어떠한 대책도 마련해 주지 않았다. 오히려 대면 예배에 참석하지 않는 사람들에게 '믿음이 약하다'는 죄책감을 느끼게 했다. 코로나19 상황이 조금 누그러졌을 때, 정부는 한동안 정원의 일정 비율만 대면 예배에 참석할 수 있게 했다. 어느 날 진주시 공무원이 A교회 주일예배 현장을 찾았다. 거의 대부분 교인이 출석한 상태였다.

"그때 목사님이 우리한테 '몇 %만 나온 거라고 말하라'고 하시더라고요. 저는 그건 아니라고 생각했어요. 차라리 '우리는 다

나왔다. 대신 벌금을 내겠다'고 했어야죠."

사실 ㄱ 목사의 설교와 교회 분위기가 이상해지고 있다는 사실은 김형택 장로보다 김정자 집사가 먼저 알아차렸다. 유난히 잦아지는 반동성애와 극우 정치 설교는 김 집사의 마음을 황폐하게 했다. 마치 그것만이 정답인 것처럼, 그것에 동조하지 않으면 하나님을 믿지 않는 것처럼 말하는 건 뭔가 단단히 잘못됐다고 느꼈다.

"폭력이었죠. 설교 중 갑자기 그런 이야기가 나오면, 그냥 두드려 맞는 느낌이었어요."

김 집사 또한 평생을 보수적인 환경에서 자라 왔다. 목사님 말씀이라면 웬만하면 '아멘' 하면서 살아왔지만 이건 선을 넘어도 한참 넘은 것이었다. 한 교인과의 대화는 당시 A교회 분위기가 어땠는지 단적으로 보여 준다.

- 아이고 집사님, 글쎄 영국에서는 동성애자가 예배를 드린대요. 참 웃기지 않아요?

- ……동성애자는 교회 다니면 안 돼?"

반동성애를 외치는 개신교인들은 '혐오 세력'이라고 비판받을 때마다 '혐오가 아니라 사랑이다', '사랑하니까 반대한다'고 말한다. 하지만 김정자 집사가 보기에 그것은 사랑이 아니었다. 그는 김형택 장로가 그랬던 것처럼, 그리스도인이 동성애를 어떻게 바라봐야 하는지 여기저기 찾아보면서 공부했다. 보수적인 환경에서 자란 터라 동성애 자체를 받아들이기는 어려웠지만, 최소한 동성애자라는 이유만으로 차별받으면 안 된다는 건 무어라 덧붙일 것 없이 맞는 말이었다.

무엇보다 하나님은 동성애자를 배척하실까?

"저는 하나님이 그러신 분이 아니라고 생각했어요. 제가 믿는 하나님이 만약 그런 분이라면 하나님이 아니라고 생각했어요."

행복하지 않았다. 언젠가부터 교회에 가는 일이 전혀 즐겁지 않았다. 단지 ㄱ 목사와 생각이 달라서 힘든 건 아니었다. 김정자 집사는 혹시나 자신이 교만해져서 목사와 다른 교인들을 판단하는 것은 아닌지 '죄책감'이 들었다. 그 시절 예배당에 앉으면 회개 기도와 함께 눈물이 줄줄 나왔다.

'하나님, 제가 왜 이럽니까. 제발 말씀 앞에서 겸손할 수 있게 해 주세요⋯⋯.'

그저 말씀으로 은혜를 받아 한 주 한 주 살고 싶은 것뿐이었다. 그런데 교회에 가면 죄책감만 더 느끼게 됐다. 괴로웠다. 20년 넘게 헌신했던 교회이고, 남편이 장로라는 부담감도 있었다. 하지만 수많은 고민의 터널을 지나 그가 도달한 결론은 이것이었다. 떠나자, 행복을 찾아서.

2

A교회 분위기가 처음부터 그랬던 건 아니다. 오히려 다른 어떤 것보다 성경 말씀에 집중하는 교회였다. ㄱ 목사는 사람이 유하고 공부를 많이 하는 이미지였다. 개척 초기부터 함께했던 김명자 권사(65)는 그렇게 기억했다. 김 권사는 ㄱ 목사가 부임한 1993년 이전부터 A교회에 출석했다. A교회가 지금의 자리로 이사해 온 과정도 잘 알고 있다. A교회 최초로 집사 직분을 받기도 했다. 다른 사람은 몰라도 김명자 권사가 A교회를 떠난다는 건 누구도 상상할 수 없는 일이었다. 김 권사 스스로도 '진주에 사는 한 A교회를 섬기겠다'고 생각하며 살았다.

하지만 A교회에 마음이 떠난 지는 벌써 10년도 더 넘은 상태였다. 10여 년 전 어느 날, 김명자 권사는 ㄱ 목사에게 기도를 부탁하러 갔다. 같이 오래 신앙생활을 해 왔지만 ㄱ 목사를 어려워했던 김 권사였기에, 큰맘 먹고 찾아간 것이었다. 힘들게 마음을 꺼내 놓았는데 ㄱ 목사의 반응은 매우 실망스러웠다. '다른 사람 이야기에 비춰 보면 당신은 힘든 것도 아니다'라는 식으로 말했다.

"지금도 그때 목사님 표정이나 태도 같은 게 선명해요."

그 일로 김명자 권사의 마음은 닫히기 시작했다. 그래도 티 내지 않고 맡은 일은 언제나 힘에 지나게 했다. A교회는 주일 점심 식사를 구역이 돌아가면서 준비했는데, 김 권사가 소속한 구역 차례가 오면 그 혼자서 수십 명의 식사를 준비하곤 했다.

반동성애와 극우 정치 설교는 김명자 권사를 더욱 지치게 했다. 이런 설교가 눈에 띄게 늘어 가던 2016년 어간부터는 매주 교회에 가는 것조차 힘들었다.

김명자 권사는 3대째 기독교 집안에서 모태신앙으로 태어났다. 외할아버지가 장로로서 교회를 두 개나 세웠다는 말을 어렸을 적부터 듣고 자랐다. 그 역시 교회와 목사 섬기기를 최우선으로 여기며 살아왔다. 일평생 보수적인 교회에서 신앙생활 하며 '목사님 말씀'에 순종하고 살았다. 그런 그에게도 ㄱ 목사의 설교는 쉽게 받아들여지지 않았다.

"그땐 교회 가면 눈물만 났어요."

설교가 귀에 들어오지 않아 어떻게라도 해 보려고 혼자 성경을 뒤적였다. 주일예배에서 은혜를 먹고 살아야 하는데, 교회에 가면 오히려 은혜가 떨어졌다. 교회 가는 횟수가 줄어들고, 결국 한 달에 한두 번 주일예배에만 나갔다. 그래도 헌금만큼은 항상 정성껏 준비했다. ㄱ 목사 가정을 위해 따로 봉투를 준비한 적도 여러 번이다. 헌금은 하나님과의 약속이라고 배웠기에, 교회에 출석하지 않아도 꼬박꼬박 했다. 교회에서 받는 것 없이 주기만 한 세월이 4~5년이다.

　이정숙 권사(68)와 김삼희 권사(62)는 뒤늦게 기독교 신앙을 받아들였다. 어렸을 때 교회에 다닌 적은 있었지만 신앙생활이라고 할 만한 건 1990년대 중후반 30대 때 A교회에서 시작했다. 이 권사와 김 권사 둘 다 인생의 힘든 시기에 A교회를 만났고, 처음에는 '은혜의 도가니'에 빠져 살았다. 이정숙 권사는 그 시절을 "은혜를 많이 받았고 성령 체험도 했다"고 회상했다. 김삼희 권사는 A교회에 처음 갔던 1997년 6월 8일을 기억한다. "돌아온 탕자처럼" 많이도 울었다.

　한동안 재밌게 신앙생활을 했다. ㄱ 목사도 참 좋았다. 여러 봉사를 감당하며 집사도 되고 권사도 됐다. 그러나 정확히 언제라고 말할 수 없는 어느 순간부터 교회가 힘들어지기 시작했다. ㄱ 목사의 언행에 크고 작은 상처를 받기도 했다. 몇 년 전부터는 밑도 끝도 없는 반동성애와 극우 정치 설교에 영혼이 피폐해지는 것을 느꼈다. 차별금지법 발의 국회의원 명단과 전화번호를 공개하며 항의 전화와 메시지를 보내라는 소리에, 이정숙 권사는 '이게 사랑을 외치는 교회가 할 일인가' 하는 의문이 들었다. 천식을 앓았던 김삼희 권사는 코로나19 기간 대면 예배에 나갈 수가 없었는데도, A교회는 아무런 대안을 마련해 주지 않았다. 예배의 기쁨이나 은혜를 경험하지 못하는 기간이 길어졌다.

　이런 상황이 수년간 이어졌는데도 이들은 ㄱ 목사에게 터놓고 이야기할 생각은 하지 못했다. 교회 권사가 목사에게 '말씀이 은혜가 안 된다'고 이야기하기도 어려운 일이고, 용기 내 이야기한다 해도 제대로 들어 줄 것 같지 않았다. 공감받기보다는 '믿음이 없다'는 식으로 정죄당할 것 같았다. 권사로서 본을 보여야 한다는 책임감 때문에 교인들에게 이야기할 수도 없었다. 이들은 그냥 스스로를 탓했다. 김삼희 권사는 이런 상황을 극복해 보려고 혼자 애썼다.

"너무 답답해서 책도 찾아봤는데, '목회자를 정죄하지 말라'고 나오더라고요. 그래서 스스로 어떻게든 해 보려고 노력했어요. 그게 힘들었죠."

그래도 차마 A교회를 떠난다는 생각은 할 수 없었다. 이들에게 A교회를 떠난다는 것은 상상할 수 없는 선택지였다. 이정숙 권사는 지금 생각하면 일종의 '가스라이팅'을 당한 것 같다고도 했다.

"ㄱ 목사가 '목사한테 대적하고 잘되는 사람 못 봤다'는 얘기를 많이 했어요. 그런 얘기도 어쩌다가 한 번 하는 게 맞지, 때때로 그런 얘기를 예로 들 필요는 없지 않습니까. 근데 계속 반복적으로 듣다 보니까…… 그 말을 믿었거든요. 저는 A교회가 첫 신앙지 아입니까. 목사님 말씀 듣고 제가 은혜도 받고 하나님도 만나고 체험도 많이 했거든요."

예배에서 은혜를 받지 못하고 누구에게도 이야기할 수 없는 시간이 길어졌다. 혼자서 어떻게든 해 보려 했지만 죄책감만 더해 갔다.

✝

2020년 11월 1일, ㄱ 목사가 김형택 장로의 사임을 공표한 사건은 많은 교인에게 충격을 줬다. 몇몇 교인에게는 A교회를 떠나기로 결심하는 결정적인 계기가 됐다. 수년간 참고 살아왔는데 이제는 도저히 참을 수 없는 지점에 이르게 된 것이다. 이들은 김형택 장로 부부가 단순히 동성애를 지지한다는 이유로 A교회를 떠날 인물들이 아니라고 확신했다. 설사 김형택 장로가 그렇게 이야기했더라도, 목사라면 그를 감싸고 기도해야지 바로 다음 주에 교인들에게 "동성애 지지자였다"고 선언하는 것은 아무리 봐도 경우가 아니었다. 그것은 20년 넘게 교회를 섬겨 온 사람에 대한 예의가 아니었다.

ㄱ 목사의 발표가 큰 파문을 불러일으키자, 한 주 뒤 김형택 장로는 A교회 네이버 밴드에 글을 올렸다. 자신이 20여 년간 섬기고 책임감을 느꼈던 교회를 떠나는 그 복잡다단한 결들이, 참고 고뇌해 왔던 그 긴 시간들이, 단지 '동성애 지지'라는 납작한 말로 표현되는 것은 문제가 있다고 느꼈다. 무엇보다 김형택 장로는 동성애를 지지하거나 찬성하지도 않았다. 교회가 시끄러워질 것을 염려해 아무에게도 이야기하지 않고 나왔기 때문에, ㄱ 목사의 발표 이후 그간 함께 신앙생활 해 온 이들에게 많은 연락을 받기도 했다. 짧지만 분명한 말로 자신이 교회를 떠나는 이유에 대해 교인들에게 밝힐 필요가 있었다.

김형택 장로입니다. 2주 전 주일 오후에 목사님을 찾아뵙고 시무장로 사임계를 제출하였고 지난주 목사님께서 예배 시간에 해당 사실을 성도님들께 공지하셨습니다. 귀한 직분을 주셨음에도 불구하고 사임계를 제출할 수밖에 없었던 것에 대해서 간략히 알려 드리고자 이 글을 씁니다.

가장 큰 이유는 행복한 신앙생활을 하기 위함입니다. 차별금지법을 찬성하는 입장에서 설교 시간에 차별금지법에 대한 내용이 나오게 되면 그 순간 말씀의 은혜가 사라짐을 느꼈습니다. 장로라는 직분이 있지만 직분 이전에 말씀의 은혜를 먹고 살아가야 하는 성도인데, 그 은혜가 사라지는 일들이 많아짐으로 인해 행복한 신앙생활이 되지 못하였습니다.

하지만 그래도 오랜 시간을 참고 기다렸던 것은 장로가 목사님과 생각이 다르다고 하여 그 다른 것을 표출할 경우, 성도들의 신앙에 혼란을 가져올 뿐 아니라 교회가 분열될 수도 있기 때문이었습니다. 제 스스로도 이기적일 수 있는 이유라고 생각했지만 참고 견디는 힘이 부족하여서 이렇게 사임계를 제출하게 되었습니다.

이로 인해 교회와 성도님들께 아픔을 드리게 되어 송구함을 금할 길 없습니다. 많은 양해를 부탁드립니다. 마지막으로 제가 차별금지법을 찬성한다고 해서 동성애를 찬성하지 않음을 알려 드리며 이 글을 맺겠습니다.

주혜영 집사에게 중요했던 건 '거짓말'이었다. 그날 예배당을 박차고 나와 김정자 집사와 통화한 후, 역시나 ㄱ 목사의 말이 사실과 다른 것을 확인했다. 한 주 뒤 밴드에 올라온 김형택 장로의 글로 ㄱ 목사가 거짓말을 했다는 걸 확신했다. "그래도 A교회를 지키겠다"고 말한 것처럼, 그때까지도 A교회를 떠날 생각은 없었다. 하지만 목사가 치명적인 거짓말을 했다고 생각하자 도저히 전처럼 교회에 갈 수가 없었다. 연말을 맞아 심해진 코로나19 상황은 어찌 보면 좋은 핑계가 됐다. 잠시 교회에 가지 않을 수 있었다. 이듬해 초 ㄱ 목사에게 전화가 걸려 왔다. 그때 주혜영 집사는 말했다.

– 무슨 일이 있었건 A교회는 내 교회예요. 그런데 목사님이 거짓말을 하신 건 화가 나요.

– 거짓말이 아니라, 차별금지법은…….

– 장로님은 동성애 찬성하지 않는다 카던데, 그럼 목사님하고 내하고 장로님하고 삼자대면 할 수 있어요?

– …….

김삼희 권사도 그날 이후 도저히 A교회에 갈 자신이 없었다. ㄱ 목사의 언행을 떠올릴수록, 김형택 장로를 동성애 지지자로 몰아 내부 단속을 하려는 의도가 아니었을까 의심이 들었다. 그런 생각이 들자 ㄱ 목사의 얼굴을 보기가 어려웠다. 그다음 주 일요일이었던 2020년 11월 8일, 예배당으로 올라가는 계단에서 심장이 쿵쾅쿵쾅 뛰던 것을 그는 잊지 못한다. 심장이 터질 것 같고 진정이 되지 않았다. 몸이 거부하기 시작한 것이다. 예배를 어찌어찌 마치고 밖으로 뛰쳐나와 차로 달려갔다.

"마지막이구나 싶었죠. 이건 아니다, 내가 살아야겠다 싶더라고요."

차 안에서 그는 많이 울었다.

김명자 권사와 이정숙 권사는 이후로 몇 번 더 A교회에 나갔지만 오래 버틸 수는 없었다. ㄱ 목사와 눈을 마주치기가 부담스러워 '모두가 눈을 감을 때' 예배당에 들락날락했다. 예배가 시작되고 기도 시간이 되면 들어갔고, 축도를 마칠 때쯤 빠져나왔다. 이런 생활이 오래갈 수는 없었다. 한두 달 더 다니다가 발길이 끊어졌다. 자연스럽게 교회를 안 나가게 됐지만 고통스럽지 않은 건 아니었다. 김명자 권사는 ㄱ 목사보다 더 오래 A교회에 있었다. 이정숙 권사에게 A교회는 첫 교회, 첫사랑이었다.

"너무 힘들고 괴로웠어요."

20~30년의 세월이 흩어지는 것 같은 그 심정은 말로 표현하기 어렵다. 그런데 곧바로 이정숙 권사는 뜻밖의 말을 꺼냈다.

"그런데 한편으로는 해방감? 해방감까지도 들었어요. 그동안 너무 구속당하는 느낌이었거든요."

3

- 근데 집사님, 유튜브로 예배하는 것도 좋은데...... 우리 서로 교제하고 그런 게 너무 그리워요.

2021년 5월 어느 날, 주혜영 집사는 김정자 집사와의 통화에서 말했다. 주혜영 집사는 2020년 11월부터 어쩌다 보니 A교회에서 '나와져 있는' 상태가 됐다. A교회를 떠날 생각으로 안 나가기 시작한 건 아니었다. '내 교회'였으니까. 그런데 내 교회에 도저히 갈 수가 없는 상태가 된 것이다. 몇 주간 다른 교회 온라인 예배를 드렸다. 진주 내 다른 교회를 가 볼까도 생각해 봤지만 어디를 가든 비슷할 것 같았다. 동네가 좁아서 A교회에 다니다가 왔다고 하면 어떤 소문이 날지도 모를 일이었다. 그렇게 반년이 지났다.

- 그냥 우리끼리 예배하면 안 돼요?

사실 김정자 집사와 김형택 장로도 비슷한 상황이었다. A교회를 떠나겠다고 이야기는 했지만 후에 어떤 계획이 있는 건 아니었다. 정말 더 이상 못 다닐 것 같아서 나온 것이다. 남편이 장로였기 때문에 A교회가 속한 교단 교회로 갈 수는 없었다. 얼마간은 온라인으로 여러 교회 예배를 드렸고, 물어물어 좀 더 개혁적인 성향의 교회에 찾아가 보기도 했다. 하지만 작은 교회에서 젊은 시절 20년 넘게 헌신했던 50대 부부가 새로운 교회에 정착하는 건 말처럼 쉬운 일은 아니었다.

주혜영 집사의 제안은 새롭게 다가왔다. A교회를 다 각자의 이유로 각자의 시기에 떠났기 때문에, 함께 무언가를 할 생각은 하지 못하고 있었다. 처음에만 해도 '교회'를 개척한다는 생각은 없었고, 그저 함께 모여 예배하고 교제하자는 것뿐이었다.

장소는 주혜영 집사의 동생 부부가 주말마다 내려오는 경남 의령 시골 마을에 있는 오래된 가정집을 택했다. 그렇게 2021년 5월 23일, 김정자 집사와 김형택 장로, 주혜영 집사와 주 집사의 어머니 이정숙 권사, 김명자 권사 5명이 모였다. 김정자 집사에게 이 모임은 임시적인 것이었다.

"권사님에게 그랬어요. 교회가 정해질 때까지 함께 예배드리고, 좋은 교회가 있으면 그리로 가셔도 괜찮다고. 그런데 이렇게 교회가 될 줄은 몰랐죠."

예배는 사도신경으로 시작하고 주기도문으로 끝나는 전통적인 방식으로 진행했다. 설교는 김형택 장로가 맡았다. A교회에서도 ㄱ 목사가 강단을 비울 경우 김형택 장로가 설교를 해 왔기 때문에 어색할 것도 없었다. 조촐했지만, 수년간 잃어버렸던 예배의 은혜를 조금씩 되찾기 시작했다. 무엇보다 우리만의 공간에서 다시 반가운 얼굴들과 함께할 수 있다는 것 자체가 기뻤다. 사실 햇

수로 따지자면 서로 알고 지낸 지가 20년이 넘는다. 30~40대 젊은 시절부터, 주혜영 집사의 경우 10대 때부터 봐 왔다. 하지만 정작 A교회에 있었을 때는 교회로 인한 고민과 갈등을 허심탄회하게 이야기한 적이 없었다. 교인들은 함께 여러 이야기를 나누며 다시 서로를 알아 가기 시작했다.

물론 목사 없이 예배하고, 나아가 교회를 한다는 것에 부담도 있었다. 신학적인 고민이라기보다 주변 사람들의 눈치 때문이었다. 김형택 장로는 사임계를 제출하기는 했지만 여전히 교단에 속한 장로였기 때문에 더 조심스러웠다. A교회를 떠난 교인들과 따로 교회를 만들어서 설교도 스스로 하고 있는 모습은 말 많은 사람들의 주목을 끌기 좋은 소재였다. 누군가는 자유주의신학에 물들어 동성애를 옹호하고 그 때문에 따로 교회까지 만들었다고 소문을 낼 수도 있었다. 이런 이유로 나중에 '뜰교회'라는 이름을 만들고도 한동안은 부러 바깥에 알리지 않았다.

하지만 결국 그런 것들은 진실이 아니기에 계속 눈치 볼 일은 아니었다.

"저는 자유주의신학이 뭔지도 모르는 사람이고, 단지 '동성애는 반대하지만 동성애자는 사랑해야 한다'는 관점일 뿐이거든요."

김형택 장로는 평소 교제하던 목사들과도 수시로 전화해 신학적·신앙적 고민들을 이야기해 왔다. 다들 아주 보수적인 교단의 목사들이다.

"어떤 주제들에 있어서는 정말 치열하게 토론하기도 해요. 그런데 목사님들이 저한테 '너는 좀 이상하다'고 하신 적은 없거든요. 복음이라는 기본 틀을 벗어나지 않기 때문에 '내가 잘못하고 있지는 않구나' 생각하죠."

모임을 시작하고 1년여가 지난 무렵에야 김형택 장로는 교인들에게 말했다. 누가 물어보면 뜰교회 다닌다고 하시라고, 설교는 장로가 한다고 하시라고.

목사 없이 예배하는 것에 부담을 느꼈을 듯한 나이 많은 권사들이 오히려 별로 저항이 없었다. 이정숙 권사는 자신 있게 말한다.

"솔직히 우리가 하나님을 향해서 예배드리는 거 아닙니까, 그지예? 꼭 목사님만 제사장이 아이거든요. 우리도 제사장 아닙니까. 나는 그리 생각하거든요. 그래서 나는 거부반응이 없어요. 진짜 거룩한 마음으로 드리는 예배가 하나님이 기뻐하시는 예배라고 생각하기 때문에 거부감은 없어요."

김명자 권사는 지금의 뜰교회가 어떤 완성된 형태는 아니라고 생각한다.

"이렇게 예배를 드리는 것도 나쁘지 않겠다, 때가 되면 하나님이 길을 보여 주시겠지, 그때를 기다리자는 마음으로 시작한 거니까요. 하나님이 인도해 주시겠죠."

김삼희 권사는 1년 늦은 2022년 5월 뜰교회에 합류했다. 그 역시 A교회를 떠나고 1년 반 동안 온라인으로 예배를 드리거나 다른 교회를 찾아가 보기도 했다. 하지만 정착하지는 못했다. 경남 지역에는 자신과 맞는, 다닐 만한 교회가 없을 거라는 생각도 들었다. 오히려 교회보다는 성당에 가고 싶은 마음이 생겼다. A교회에서의 일로 한국교회에 염증이 생긴 것일까. 개신교는 뭔가 구심점이 없어 보였다. 목사 한 명이 자기 소견대로 교회를 좌우지하는 것 같았다. 그에 비해 성당 시스템은 왠지 모르게 괜찮아 보였던 것이다. 그런 고민을 하던 차에, 드물게 연락하던 김형택 장로에게 뜰교회에서 성찬식을 하니 와 보라는 제안을 받았다. 마침 1년 반 넘게 성찬에 참여하지 못했던 상태. 그렇게 뜰교회 예배를 가 보게 됐다.

두 번째 뜰교회 예배에 참석했을 때 마음을 굳혔다. 예배 중에 이 교회에 계속 다녀야겠다는 확신이 생겼다.

"그냥 '그래 이거지' 싶은 거 있잖아요. 저는 '내가 신앙생활을 오래 하기는 했는데, 그중 예배에 집중했던 시간은 과연 얼마나 될까' 이런 생각을 많이 하거든요. 근데 뜰교회에서 예배드리는 한 시간은 오롯이 집중해요. 그게 정말 좋았어요."

사실 김삼희 권사가 첫 예배 때 뜰교회에 다닐지 결정하지 못했던 이유 중 하나는 그저 예배 장소가 너무 멀다는 점이었다. 교인들이 살고 있는 진주 시내에서 차로 30분을 가야 한다.

"그런데 지금은 본의 아니게 제가 운전을 다 하고 있다니까요. 하하하."

✝

진주 시내에서 차를 타고 국도를 달려 점점 인적이 드문 곳으로 간다. 마을의 수호 나무 같은, 풍성한 잎을 가진 큰 나무 두 그루가 있는 곳에 이르러 차를 세운다. 한가득 푸른 내음을 내는 나무 건너편에 오래된 단층 시골집이 보인다. 듬성듬성 녹이 슨 대문을 열고 들어가면 작은 뜰이 나온다. 왼쪽으로 나무가 몇 그루 서 있고, 가운데는 잔디와 잡초가 무성하다. 오른쪽에는 콘크리트 바닥이 아무렇게나 치고 들어와 있다. 그 뒤에 서 있는 빨간 벽돌로 지어진 집, 뜰교회 교인들의 예배 처소다.

봄이 되면 푸르름을 온몸으로 느낄 수 있는 뜰. 그래서 '뜰교회'다.

"저희가 여기 처음 왔을 때가 5월이었는데 정말 예뻤거든요. 여기 사과나무에 꽃도 피고요. 그래서 교회 이름을 뜰교회로 하자고 했어요. 신앙생활을 하면서 다른 사람들에게 우리의 뜰을 내어줄 수 있는 교회가 되자는 의미도 있어요."

조금 멀기는 해도 주혜영 집사는 작은 뜰을 가진 이곳에서 예배드리는 것이 좋다.

2023년 4월 16일 주일예배는 조금 특별했다. 목회자를 데려와 성찬식을 하는 날이었다. 뜰교회는 1년에 한 번씩은 성찬식을 하려 한다. 김형택 장로의 대학 선배로, 평소 김 장로와 신앙적인 이야기를 자주 주고받는 우홍기 목사가 1년 만에 뜰교회를 찾았다. 예배 시간보다 30분 일찍 모인 교인들은 다 함께 테이블을 세팅하고 성찬식 때 쓸 빵과 포도 주스를 준비했다. 각자 자리에 앉아 커피와 차를 마시고, 김정자 집사가 작은 화이트보드에 예배 순서까지 적고 나니 시간이 됐다. 이날은 주혜영 집사의 자녀 두 명과 우홍기 목사, 취재하는 기자까지 함께해 작은 거실이 꽉 차 보였다.

예배를 마치고 조촐하게 성찬식을 했다.

예배는 김형택 장로의 인도에 따라, 보통의 장로교회와 다르지 않은 방식으로 진행됐다. 우홍기 목사가 설교를 하고 예배 후 성찬식까지 집례했다. 장로교회 전통에 따라, 유아세례를 받았지만 아직 입교하지 않은 주혜영 집사의 자녀 두 명은 성찬을 받지 못했다. 자녀들이 빵을 먹고 싶어 하자 우홍기 목사가 양해를 구했다.

"조금 더 커서 입교하면 그때 먹을 수 있어. 미안해."

주혜영 집사의 큰 자녀 두 명은 2022년 봄 뜰교회에서 우홍기 목사를 통해 입교식을 했다.

전통적인 교회에서 세례와 성찬은 목사만이 집전할 수 있다. 뜰교회처럼 기성 교회를 벗어난, 목회자 없는 작은 교회에서도 이런 전통을 지켜야 할까. 김형택 장로도 이런 고민을 하지 않은 것은 아니었다.

"1년에 한 번은 성찬을 하기로 했는데, 과연 성찬을 장로가 할 수 있는지 저도 그게 퀘스천이었어요. 일단 목사님께 부탁해서 지난해 처음으로 성찬과 입교식을 했죠. 들어 보니까 다른 평신도 교회에서는 목회자가 아닌 리더도 성찬을 인도한다고 하더라고요. 제가 할 수도 있겠지만…… 뭐 1년에 한 번이라도 목사님 모셔서 설교도 듣고, 목사님 대접하면서 우리도 맛있는 식사도 하고 그러니까 좋더라고요."

뜰교회는 평소 6명이 모인다. 김형택 장로가 근 몇 년간 해외 출장이 잦아 한국에 있는 시간이 많지 않다. 해외에서 김 장로는 전화로 예배에 참여하고 설교를 전한다. 그게 잘될까 싶지만 뜰교회 교인들은 이제 익숙하다. 김형택 장로의 설교는 실제 삶에서 적용하는 데 초점이 맞춰져 있다. 신학을 전문적으로 공부한 것은 아니기에 부족한 점은 있겠지만, 추상적인 말들을 "땅으로 붙이는" 일에는 평범한 직장인으로서 자신이 할 수 있는 역할이 있다고 본다. 설교가 끝나면 자유롭게 질문이나 의견도 주고받는다.

"서로 이야기를 나누니까 부족한 설교에 채워지는 부분이 있더라고요."

예배가 끝난 후에는 정해 둔 책을 읽고 책 내용과 관련해 이야기를 나눈다. 그간 〈만화 기독교강요〉(생명의말씀사)와 C. S. 루

이스의 〈스크루테이프의 편지〉(홍성사)를 함께 읽었다. 주혜영 집사는 이런 책들을 함께 읽고 공부하며 기독교 신앙을 새롭게 알아가는 중이다. 30년 가까이 신앙생활을 해 왔지만 이렇게 성경을 제대로 본 적이 없었다.

"그러니까 우리가 더 신나는 거예요. 진짜 말씀이 원동력이 된다는 말 있잖아요. 지금이 그래요."

또 한 가지 뜰교회 교인들이 뿌듯해하는 일은 바로 '헌금 사용'이다. 투명하게 관리하는 것은 물론, 목회자 사례비 등 크게 나가는 고정비용이 없다 보니 교회 밖으로 더 많이 흘려보낼 수 있었다. 헌금 내라는 사람 한 명 없어도 2022년 한 해 뜰교회 교인들은 6명이서 총 1500만 원을 헌금했다. 이 중 절반이 넘는 850만 원을 구제와 선교에 썼다. 나머지는 장소 사용과 식사 비용 등으로 쓰고 예비비로 200만 원을 남겼다. 교회 바깥뿐 아니라 안도 돌보자는 의미로, 연말에 교인들이 가족들과 함께 식사할 수 있도록 가정당 20만 원씩 지급했다.

돈을 좀 모아서 예배 공간을 리모델링할까 생각하기도 했다. 집이 워낙 오래됐고 사람이 매일 사는 집이 아니라 관리가 잘돼 있지 않았기 때문이다. 하지만 교인들은 이내 생각을 접었다. 물론 더 좋은 공간에서 모이면 좋겠지만, 지금도 대여섯 명이 모이는 데 불편하지는 않다. 리모델링을 하려면 최소한 몇백만 원을 들여야 하는데, 그 돈을 차라리 이웃을 돕는 데 쓰기로 했다.

이정숙 권사는 이렇게 헌금 사용에 대해 함께 이야기하고 결정하는 것이 좋다. A교회에서도 공동의회를 하기는 했지만, 그때는 그저 거수기 역할만 했을 뿐이었다.

"발언권이 있다고 하지만 그게 진짜 발언권이 있는 겁니까. 그냥 동의하냐고 물으면 동의한다고 하는 거지. 그런 분위기 속에 있다가, 여기서는 우리 헌금을 우리가 결정한 곳에 나눈다는 게 참 좋아요."

'행복한 신앙생활'. 뜰교회 교인들이 추구하는 것이다. 기독교는 기본적으로 죄와 회개의 종교이지만, 그것이 항상 죄책감에 절어서 살아야 한다는 뜻은 아니다. 오히려 하나님의 은혜로 죄에서 해방되어 진정한 행복, 진정한 인간 됨을 누리는 것이 신앙생활이라 할 수 있다. 하지만 뜰교회 교인들은 너무 오랜 시간 죄책감에만 시달렸다. 사실이 왜곡된 설교를 들으면서도, 혹시나 자신이 목사를 판단하는 건 아닌지 스스로를 탓했다. 예배와 설교가 더 이상 은혜가 되지 않았고, 그렇다고 목사에게 목양을 받는 것도 아닌 상태로 몇 년을 봉사하고 헌금하며 버텼다. 이제는 그것이 잘못됐다는 사실을 안다. 김정자 집사는 말했다.

"계속 회개만 했어요. 그 방법밖에 없는 줄 알았어요. 왜냐하면 그 교회에서 못 나온다고 생각했으니까요. 아마 지금 기성 교회에 다니고 있는 저희 또래 사람들 중에도 다른 교회에 갈 수가 없어서 그냥 거기에 있는 분이 참 많을 거예요. 떠나면 그 교회에 다녔던 세월이 다 없어진다는 생각이 들거든요. 저 같은 경우도 23년, 제가 관계했던 사람들, 섬겼던 시간들, 그런 것들이 다 없어져 버리는 거 같았거든요. 그게 무서운 거예요. 왜 나이가 들면 그런 게 굉장히 중요하다고 생각하잖아요. 근데 저희같이 이런 모임

도 가능해요. 고민하시는 분들이 이런 방법을 잘 모르는 것 아닐
까, 그런 생각이 들어요."

3

이우교회

두 번 빼앗기고 얻은 '이삭의 우물'

"
특정인이 제왕적이고 독점적 권력으로 밀고 나가는 교회는
빠르고 명확할지 모르나, 이런 방식으로 성장해 온
기성 교회의 몰락 또한 빠르고 명확하다.
다양한 생각이 공존하고 서로의 생각을 존중하는 교회는
느리고 모호하더라도 분명 더 나은 교회가 될 것이다.
"

✝

교회 분쟁은 겪지 않으면 좋은 일이라고 생각했다. 설사 그것이 어떤 영적 성장의 계기가 된다 해도. 목회자의 부정과 그로 인한 교인들의 분열, 그 과정에서 느끼는 인간에 대한 배신감과 회의감은 영혼에 깊은 상처로 남는다. 애초에 교회라는 게 어느 정도 영적 성장을 위해 다니는 곳이라면, 원래는 그런 상처를 받지 않아도 영적 성장을 할 수 있어야 하는 것 아닌가.

교회에서의 갈등으로 두 번이나 교회를 떠난 사람들이 있다. 이우교회는 '이삭의 우물'이라는 뜻처럼, 두 번이나 우물을 빼앗긴 사람들이 만든 교회다. 한 번이라도 겪으면 인생의 큰 상처가 되는 교회 분열을 두 번이나 겪은 이우교회 초창기 교인들의 마음은 무슨 말로 설명할 수 있을까. 그럼에도 그런 경험들이 결국 신앙의 여정이었다는 고백의 깊이는 얼마나 될까.

시작은 B교회였다. B교회는 2010년 10월부터 담임 ㄴ 목사의 비리로 분쟁에 접어들었다. 당시 재적 교인 1만 명 이상이었던 B교회는

ㄴ 목사를 지지하는 교인들과 반대하는 교인들로 극심하게 분열했다. 1년 6개월, 길다면 긴 시간 동안 교인들은 몸싸움과 고소·고발 등 교회 밖 세상에서도 겪기 힘든 험한 일들을 경험해야 했다. 여느 분쟁 교회가 경험하듯 교단은 해결은커녕 갈등만 부추겼다.

짧다면 짧은 시간이었다. ㄴ 목사를 규탄했던 교인들은 비교적 빨리 B교회를 떠나 2012년 4월 C교회를 세웠다. 교회 개혁의 꿈을 안고 시작한 C교회였지만, 2년 반도 가지 않아 목사를 비롯한 특정인을 따르는 사람들과 개혁을 추구하는 사람들로 나뉘었다. B교회 분쟁 때 일선에서 싸웠던 사람들은 C교회 또한 기성 교회와 다르지 않다는 사실에 절망할 수밖에 없었다. 이들은 다시 교회를 떠났다.

이우교회는 그런 아픔과 상처를 가진 교인들이 만든 교회다. 2015년 4월 창립 예배를 시작한 이래 9년이 되어 가지만, 여전히 '옛날이야기'는 아픈 주제다. 인터뷰를 위해 만난 교인들 중에도 B교회와 C교회에서의 일은 이야기하고 싶지 않다고 밝힌 사람들도 있었다. 기자 입장에서는 난처한 일이었으나, 교회 분쟁이라는 것이 한 사람의 인생에 오랜 기간 상흔을 남기는 일이라는 사실을 다시 한번 확인할 수 있었다.

이우교회는 민주적인 운영을 바탕으로 순항하고 있다. 초창기 교인들은 6개월에 걸쳐 민주적인 교회 운영 규정들을 만들었다. 2016년 12월 '섬김목사'로 김종필 목사를 청빙했고, 그는 이우교회 정관에 따라 2017년, 2020년, 2023년, 총 세 번의 재신임 투표를 통과했다. 7년이 채 되지 않은 기간 동안 재신임 투표를 세 번 통과한 목사는 아마 한국교회에 얼마 되지 않을 것이다. 기성 교회의 시각으로는 야박해 보일지 모르나, 이우교회는 나름의 단단함과 평온함으로 자신들의 길을 가고 있다.

2023년 7월 이우교회 교인들과 김종필 목사를 한 명씩 만나 이야기를 들어 봤다. 이 글은 이들이 어떤 신앙의 터널을 지나왔는지에 대한 단편이다. 노파심에 말하자면, 이들에게 '옛날이야기'는 이제 정말 지나간 이야기다. 누가 무엇을 잘못했는지가 다시 쟁점이 되는 것은 바라지 않는다. B교회와 C교회에서 있었던 일들에 대한 서술은 이들의 시각에서 본 것이며, 단지 교인들의 신앙 여정과 이우교회 태동의 역사를 설명하기 위한 배경에 불과함을 밝힌다.

경기도 성남시 분당구에 있는 이우교회.

1

― 이걸 어떡하면 좋을까요…….

2010년 10월 어느 날, 이영화 집사(가명·63)는 ㄷ 집사에게 충격적인 소식을 들었다. 얼마 전 ㄴ 목사와 함께 떠난 미국 여행에서, ㄴ 목사가 한 여교인과 애정 행각을 서슴지 않았다는 이야기였다. ㄴ 목사가 자신의 측근 11명과 함께한 16박 17일 일정의 미국 횡단 여행이었다. ㄷ 집사는 거기서 ㄴ 목사와 한 여교인이 지나치게 친밀하게 함께하는 모습을 몇 번이나 목격했다. ㄷ 집사는 당시 친밀했던 이영화 집사를 비롯한 몇몇 교인에게 이러한 사실을 알렸다.

'터질 게 터졌나 보다.'

충격적인 소식이었지만 이영화 집사는 그렇게 놀라지 않았다. 별로 놀라지 않는 자신의 모습이 서글프기도 했다. 소문이 거짓이라고 생각하지는 않았다. ㄷ 집사가 이런 일로 거짓말할 사람도 아니었고, 교회 일에 열심이었던 이영화 집사는 4~5년 전부터

ㄴ 목사와 B교회가 이상해지고 있다는 것을 감지하고 있었기 때문이다.

사실 여교인과의 스캔들은 교회 돌아가는 사정을 잘 아는 사람이라면 알 만한 이야기였다. ㄴ 목사는 많은 교인의 만류에도 '산행팀'을 운영했는데, 이는 교회 공식 모임이 아닌 ㄴ 목사의 사적인 친목회 같은 것이었다. 그는 자신의 측근들로 팀을 꾸리고 목요일마다 산행을 갔다. 거기서부터 그 여교인과의 스캔들이 조금씩 퍼져 나오고 있었다. 이에 권사들을 중심으로 이뤄진 '총무단'에서 산행팀 해체를 ㄴ 목사에게 건의할 정도였다. 하지만 ㄴ 목사는 산행팀을 계속했고, 문제의 미국 횡단 여행 또한 산행팀 멤버들 위주로 갔다.

한편으로는 '돈'과 관련한 소문도 있었다. 'ㄴ 목사가 증권가의 큰손이라더라'는 소문이었다. 교회가 크다 보니 금융계 종사자도 많았는데, 그들이 당시 수십억 원을 현찰로 움직이는 개인이 있고 이름이 'ㄴ'이라는 사실을 확인하게 된 것이다. 이영화 집사는 루머들을 믿고 싶지 않았다. 특히 ㄴ 목사가 돈과 관련해서는 깨끗한 이미지였기에 쉽게 믿을 수 없었다. 그러나 이런 소문들은 조금씩 흘러나와 의심의 불을 지피고 있었다.

불미스러운 소문들과 함께, 이영화 집사는 B교회 문화에도 깊은 회의감을 느끼고 있었다. 당시 B교회는 상당히 체계적인 조직이었다. 그 안에서 이영화 집사도 열심히 봉사하며 지냈다. 그런데 어느 순간, 이건 교회가 아니라 꼭 보험 회사 같다는 생각이 들기 시작했다. 대기업 삼성으로 대표되는 조직 문화 – 열심히 노력해서 성공하는 것이 최고라는 문화를 ㄴ 목사가 교회에 이식하려는 것 같다는 생각마저 들 정도였다. ㄴ 목사가 부교역자들을 줄 세우고, 교회 청년들에게 충성을 강요하는 듯한 모습도 많이 봐 왔다.

'이게 정말 교회가 맞나….'

이영화 집사는 고민이 많았다. 결혼 초기, 남편 일 때문에 지방 곳곳을 떠돌 수밖에 없어 한 교회에 정착할 만하면 떠나야 했다. 한 교회에 오래 다니고 싶은 마음, 정착하면 교회 생활을 열심히 하고 싶다는 마음이 있었다. 아이들이 커서 정착할 수밖에 없게 됐을 때 B교회를 만났다. 1999년 B교회에 처음 갔을 때는 모든 것이 좋아 보였다. ㄴ 목사도 젊고 유능해 보였고, 교회도 무언가 열심히 하는 활기찬 분위기였다. 이영화 집사는 바람대로 구역장·지역장 등을 하며 10여 년간 열심히 교회를 섬겼다.

그랬던 곳이기에 마음은 떠났어도 몸이 떠나는 것은 쉽지 않았다. 교회의 문제점이 하나하나 눈에 보이기 시작하자, '교회라는 것이 정말 이런 것인가'라는 생각이 점점 강해졌다. 더 이상 설교가 귀에 들어오지 않고 예배에서도 은혜를 받지 못했다. 괴로운 시절이었다. 그는 물어물어 마침 분당에서 가까운 을지대학교 성남캠퍼스에서 예배를 드리게 된 모새골교회에 가 보기도 했다. 당시 모새골교회 설교자였던 임영수·강치원 목사의 설교에서 큰 은혜를 받았다.

"우리 교회 이야기를 모르실 텐데 어떻게 저렇게 내 맘과 같은 설교를 하실까 싶었어요. 저는 교회가 너무 힘들기도 했지만,

한편으로는 '내가 너무 비판적인가. 내가 너무 순종하지 못하는 건가' 하는 죄책감도 있었거든요. 항상 죄인이 된 것 같았어요. 그런데 모새골교회 목사님들이 목사가, 교회가 어때야 하는지 설교하시는데, 딱 제가 고민하던 내용들인 거예요. 갈 때마다 펑펑 울었어요. '내가 틀린 게 아니었구나. 내가 너무 날이 서 있는 게 아니구나' 하면서."

몇 개월 모새골교회 예배를 드리면서 마음이 가라앉으면 다시 B교회로 갔다. B교회에서 다시 마음이 올라오면 또 모새골교회로 갔다. 그냥 모새골교회로 옮기는 게 낫지 않았을까. 몇 번 모새골교회에 등록할까 생각도 했지만 그때마다 '조금만 더 기다려볼까' 하는 기대를 떨치지 못했다. 10여 년간 교회에서 함께했던 교인들과 너무 정이 들어 버린 탓이었다. 이영화 집사는 그렇게 B교회를 떠나지 못하다가 2010년 10월부터 격랑 속으로 빨려 들어갔다.

✝

교회를 떠들썩하게 했던 소문들은 대부분 사실이었다.

ㄴ 목사가 산행팀을 해체하고 스캔들의 당사자인 여교인도 교회를 떠나면서 여교인과의 관계 문제는 수면 아래로 가라앉는 듯했다. 하지만 더 이상 ㄴ 목사를 신뢰할 수 없게 된 교인들은 그간 소문으로 돌던 재정 문제를 본격적으로 제기하기 시작했다. 그 결과 ㄴ 목사가 교회 돈 100억 원 이상을 펀드에 투자했으며, 자

녀 유학금 명목으로 연간 2억 원을 넘게 받았고, 본인 또한 사례비와 목회 활동비, 대외협력비 등으로 연간 3억 원이 넘는 돈을 받았다는 사실이 밝혀졌다. 매년 수십억 원씩 결산하는 교회였는데도, 교인들은 교회 돈이 이런 식으로 쓰이고 있는지 몰랐다.

2010년 12월 12일, 교회가 시끌시끌한 가운데 제직회가 열렸다. 평소 몇십 명 정도 참석하는 제직회인데, 이날은 1000명이 넘게 몰렸다. 두 달간 교회를 어지럽게 했던 소문들에 대해 ㄴ 목사에게 직접 물어보자며 제직들이 대거 참석한 것이다. 교인들로 메워진 본당에는 긴장감이 돌았다. ㄴ 목사도 당황한 듯 보였다. 그는 "교인들에게 상처 준 것을 사과한다"며 두루뭉술하게 말했다. 잘못 없는 부교역자들까지 도열해 머리를 숙였다. 이대로 넘어갈 수는 없었다. 교인들은 손을 들고, 무엇을 사과하는지 구체적으로 밝히라고 ㄴ 목사에게 요구했다. 그러나 그는 해명 때문에 교회가 분열될 수 있다며 끝까지 구체적인 이야기를 하지 않았다.

－그게 말이 됩니까!

ㄴ 목사의 얼버무림에 교인들은 폭발했다. 여기저기서 그를 성토하는 목소리가 나오자 제직회는 정회됐다. 다음 주 일요일 제직회가 속회됐지만 ㄴ 목사는 모습을 드러내지 않았다. 대신 부목사를 통해 사과문을 발표했다. 그는 △미국 횡단 여행을 하며 적절치 못한 행동과 판단을 한 것 △교회의 제반 기금으로 적립식 펀드에 가입한 것 △목회비와 자녀 유학비를 과도하게 지출한 것 등을 사과했다. ㄴ 목사는 안식년에 들어갈 것이며 거취를 교회에 맡기겠다고 했다. 교인들은 이참에 교회 재정을 투명하게 감사하

자며 '교회발전위원회'를 만들었다.

"그렇게 흘러갔다면 괜찮았을 거예요."

그때까지만 해도 정수진 집사(가명·56)는 ㄴ 목사를 용서할 마음이 충분히 있었다. 자신뿐 아니라 교인 대부분이 그랬으리라. 팔은 안으로 굽는다고, 정수진 집사 또한 수년간 ㄴ 목사의 목회 방침대로 B교회를 열심히 섬긴 사람이었다. 그 역시 교회 문화가 회사같이 변해 간다는 문제의식은 있었지만, 그 안에서 열심히 봉사했던 시간이 모두 잘못됐다고 생각하지는 않았다. ㄴ 목사에게 나쁜 점만 있는 것도 아니었다.

'그래, 목사도 사람이니까 실수할 수 있지.'

이게 당시 정수진 집사의 솔직한 마음이었다.

그러나 상황은 기대와는 정반대로 흘러갔다. 안식년을 떠나겠다던 ㄴ 목사는 3주도 채 되지 않아 교회로 돌아와 임시당회를 주재했고, 여기서 교회발전위원회의 재정 감사를 거부했다. 그는 교회발전위원회가 자신을 끌어내리려 한다며, 당시 소속한 대한예수교장로회 합동(예장합동) 평양노회를 통해 재정 감사를 받겠다고 했다. ㄴ 목사의 태세 전환으로 교회가 더욱 어수선해지자 언론에서도 기사가 나오기 시작했다. 2011년 1월 〈오마이뉴스〉와 〈뉴스앤조이〉가 B교회 사건을 보도했다.

ㄴ 목사는 보도 직전 사임을 발표한 것으로 뒤늦게 알려졌다. 그렇게라도 끝났다면 더 큰 분열은 막을 수 있었을 것이다. 그러나 이번에는 노회가 끼어들었다. 평양노회가 목사의 거취는 노회 권한이라며 사임서를 수리할지 말지 논한 것이다. 노회가 갑

론을박하는 몇 달 동안 교회는 빠른 속도로 분열했다. ㄴ 목사를 지지하는 교인들이 결집해 그의 사임을 저지하기 위해 총력을 기울였다. ㄴ 목사 또한 사임 의사를 철회하고 노회에 기대기 시작했다. 당시 ㄴ 목사를 지키기 위한 교인들의 모임 이름은 'ㄴ 목사님 사랑합니다(ㄴ사모)'였고, 반대 교인들의 모임 이름은 '교회사랑'이었다.

지옥이 시작됐다.

몇 달 전까지만 해도 함께 신앙생활 했던 교인들은 담임목사에 대한 찬반 문제로 서로 눈을 흘기는 사이가 됐다. 교회에서의 충돌로 교인들끼리 고소·고발이 난무했다. 교단은 여기에 기름을 부었다. 평양노회는 2011년 10월 ㄴ 목사의 사임서를 수리하지 않는 것으로 최종 결정했다. 그간 강단을 비웠던 ㄴ 목사가 교회로 복귀하는 길이 열리면서 B교회에는 긴장감이 고조됐다. 매주 ㄴ 목사의 예배당 진입을 막으려는 교인들과 ㄴ 목사를 지지하는 교인들의 몸싸움이 벌어졌다. 일요일이면 새벽부터 '예배당 쟁탈전'이 시작됐다.

2011년 12월 3일은 교인들에게 참 아픈 날로 기억된다. 이날 ㄴ 목사는 1년 이상 강단을 비우면 위임이 자동 해제된다는 교단법을 피하고자 설교를 강행하려 했다. ㄴ 목사의 복귀를 저지하려는 교인들이 예배당으로 올라가는 길을 막아서자, 그는 자신을 지지하는 교인들의 엄호를 받으며 무선 마이크를 들고 예배당으로 올라가는 계단에서부터 설교를 하는 촌극을 벌였다. 밀고 밀치는 몸싸움이 계속됐다. 고성과 욕설과 저주가 난무했다. 교회를 바로 세워 보고자 했던 교인들은 여기저기 주저앉아 울었다. 밀쳐지고 잡아끌리다 생긴 생채기 때문이 아니었다. 우리가 왜 이렇게까지 해야 하는지, 이게 교회인지에 대한 참담함을 느꼈기 때문이었다.

정수진 집사는 그날 이후로 ㄴ 목사에게 남아 있던 미련을 완전히 접었다. 그날 ㄴ 목사는 분명 이전과 달라 보였다. 정 집사가 보기에 ㄴ 목사는 뭐에 씐 것처럼 완전히 다른 사람이 돼 있었다. 평소처럼 조곤조곤하게라도 설교했다면 교인들은 또다시 측은지심을 발휘했을 것이다. 그러나 그날 ㄴ 목사는 설교를 통해 자신을 따르는 교인들을 선동하는 듯했다. 어떤 건널 수 없는 강을 건넌 것처럼 보였다.

"스캔들이나 돈 문제 같은 것들은 회개하면 됐어요. 저는 정말 제일 나쁘다고 생각했던 게, ㄴ 목사가 성도들을 갈라놨다는 거예요. 성도들을 화해시켜야 할 사람이 오히려 분쟁을 부추겼다는 것에 저는 너무 실망했어요. ㄴ 목사와 그를 따르는 교인들을 보면서 '진짜 하나님을 믿는 사람들이 맞을까', '교회라는 건 뭘까'라는 근본적인 생각을 많이 했어요."

결과적으로 ㄴ 목사는 교회사랑 교인들이 고소한 세 개의 횡령·배임 사건에서 모두 불기소됐다. 교인들이 문제 삼은 금액이 그에게 지급된 건 사실이었지만, 당회 의결을 거쳤다는 이유다. ㄴ 목사의 펀드 투자도 검찰은 재산 보관 방법 중 하나에 불과하다고 봤다. ㄴ사모 측은 결국 ㄴ 목사에게는 죄가 없었다는 식으로 해석했다. 교회사랑 교인들은 달랐다. 정수진 집사는 검찰의 판단이 아쉽기는 했으나 그것이 큰 의미로 다가오지는 않았다. 교인들이 이렇게 갈라져 싸우게 된 것만으로도 이미 ㄴ 목사는 감당할 수 없는 죄를 지었다고 생각했다.

2

―목사님, 제가 기사를 준비하고 있어요. 목사님이 성도들에게 사과하고 이 문제를 잘 마무리하시면 세상에까지 알릴 필요는 없을 것 같아요. 그런데 목사님이 잘 풀지 못하시면 기사를 넘길 수밖에 없습니다.

김혜원 집사(63)는 2003년부터 〈오마이뉴스〉에 시민기자로 글을 써 왔다. 삶에서 경험하는 소소한 이야기를 써 왔는데, 수백 편을 쓰다 보니 그의 기사 때문에 사회적인 변화가 일어나기도 했다. 그가 지금도 기억하는 기사는 2005년 10월 31일 쓴 "'나무꾼과 선녀처럼 살고 싶었어요'"다. 필리핀인 아내가 암에 걸렸는데 한국 국적이 아니라 의료보험 혜택을 받지 못하고, 남편 본인 또한 뇌졸중으로 일을 하지 못하니 수술비를 감당할 수 없어 애태우고 있다는 내용이다. 당시 이 기사에 1700만 원이 넘는 후원금이 몰리면서 그들을 도울 수 있게 됐다.

스스로 '아줌마 시민기자'라고 부르며 특별할 것 없는 일상도 기록이나 해 보자는 심정으로 시민기자를 시작했는데, 꾸준한 활동으로 〈오마이뉴스〉 내에서도 대표적인 시민기자가 됐다. B교회 사태가 터진 2010년 말까지 김혜원 집사는 500편에 달하는 기사를 쓴 글쟁이가 돼 있었다. 그리고 기사 하나가 자신도 예상하지 못할 정도로 큰 파장을 불러올 수 있다는 사실도 깨달았다. 그런 그에게 자신이 다니는 교회 분쟁을 기사로 쓴다는 것은 상당한 부담이었다.

김혜원 집사는 2004년부터 B교회에 본격적으로 다니기 시작했다. 먼저 교회를 다니게 된 아들들과의 약속 때문에 교회에 발을 들여 신심이 그리 깊지는 않았다. 수년 전부터 아들들과 장애인 봉사를 다녔던 김 집사는 B교회에서도 본 예배보다는 장애인 부서에서 봉사하는 것을 좋아했다. 신앙심의 발로였다기보다 그저 장애인 아이들과 함께하는 일이 좋았다. 그에게는 장애인 아이들이 천사처럼 보였다. 장애인 부서에 있는 것이 자신의 욕심이 아닐까 싶을 정도로 장애인들과 함께하는 시간을 사랑했다.

2010년 10월 ㄴ 목사와 관련한 추문들이 돌기 시작했을 때도 원체 관심이 없었다. 이야기를 전달해 준 사람들을 믿지 못하는 건 아니었지만, ㄴ 목사에게 별로 관심이 없었을 뿐더러 시민기자를 오래 해서인지 '증거'가 나오기 전까지는 소문을 믿을 수 없다고 생각했다. ㄴ 목사도 사과하고 안식년을 간다고 하니 그렇게 잘 해결되는 줄 알았다. 그런데 시간이 갈수록 사건이 이상한 방향으로 흐르기 시작했다.

─집사님, 그 얘기 들었어? 지금 ㄷ 집사가 거의 마녀사냥을

당하고 있어. 어떻게 좀 해 줘.

미국 여행에서 ㄴ 목사와 여교인의 스캔들을 목격하고 교인들에게 알린 ㄷ 집사가, ㄴ 목사를 옹호하는 교인들의 타깃이 되어 있었다. 교회에는 ㄷ 집사가 ㄴ 목사를 질투해서 헛소문을 퍼뜨렸다는 등의 유언비어가 퍼지기 시작했다. 게다가 ㄴ 목사는 부목사를 통해 발표한 사과문도 자신이 쓴 것이 아니라고 부인했고, 안식년을 철회하고 돌아와 교회발전위원회 재정 감사도 거부했다.

김혜원 집사는 일이 잘못 돌아가고 있다고 느꼈다. 그리고 결정적으로 ㄷ 집사가 미국 횡단 여행 중 썼다는 일기를 보게 됐다. 들어 보니 ㄷ 집사는 여행에 가기 전부터 다른 사람들에게 보여줄 요량으로 일기를 쓰려 했다. 그렇기 때문에 일기에는 무슨 일이 있었는지 아주 자세한 내용이 적혀 있었다. ㄴ 목사와 여교인이 여행 중 어떻게 행동했는지, 도저히 직접 목격하지 않고는 쓸 수 없는 내용들이었다. '증거'를 확보한 것이다.

"제가 교회에 대해 잘 몰라서 그랬는지 몰라도, 처음에 저는 '그럴 수 있지', 'ㄴ 목사도 사람이네' 이런 생각을 했어요. 뭐 그런 일이 있었다고 해도, 갔다 와서 잘못했다고 하면 봐줄 수 있는 거 아닌가 싶었던 거예요. ㄴ 목사도 처음에는 잘못했다고 했잖아요. 그런데 가면 갈수록 ㄴ 목사는 빠져나가려 하고 ㄷ 집사만 마녀사냥을 당하는 꼴인 거예요."

기사를 준비했다. 이어 터진 재정 문제까지 있다 보니 쓸 내용은 차고 넘쳤다. 첨예한 내용이라 〈오마이뉴스〉 변호사들과도 이야기를 나눴다. 기사가 나가면 파장이 엄청날 것이 눈에 보였다. 하지만 김혜원 집사에게 보도는 최후의 수단이었다. 안식년을 철회하고 재정 감사를 거부한 ㄴ 목사가 이제라도 돌이킨다면 기사는 그대로 묻을 생각이었다. 목사도 사람이니까 실수할 수 있다. 하지만 자신 때문에 교인들이 갈라져 싸우고, 누군가 마녀사냥당하는 꼴을 두고 본다는 건 목사로서, 사람으로서 할 짓이 아니었다.

이러한 뜻을 ㄴ 목사에게 전달했지만 그는 묵묵부답이었다. 김혜원 집사는 2011년 1월 12일 〈오마이뉴스〉에 '연봉 6억 받는 목사의 치부, 어찌하오리까'라는 제목으로 B교회 분쟁을 다룬 기사를 올렸다. 편집부와는 예전에 상의를 끝냈지만 마지막까지 붙잡고 있던 기사였다. ㄴ 목사 쪽에서 어떤 제스처라도 있었으면 기다릴 수 있었다. 그러나 ㄴ 목사는 사건을 세상에 알릴 수밖에 없는 상황까지 몰고 갔다. 예상대로 기사의 파장은 컸다. 이후 여러 언론에서 B교회 사태를 다뤘다.

그날 이후로 김혜원 집사는 ㄴ 목사를 지지하는 교인들의 집중포화 대상이 됐다. 김 집사가 교회에 갈 때는 무슨 일이라도 당할까 싶어 남편이나 아들들이 항상 옆에 동행했다. 김혜원 집사는 교회로부터 민형사 소송을 당했다. 그간 기사 수백 편을 쓰면서 간혹 소송의 위협이 있었던 터라 '소송을 당했다'는 사실 자체로 놀라지는 않았다. 하지만 '교회가', '목사가' 소송을 걸었다는 사실에는 어떤 타격감을 느꼈다. '부끄러웠다'는 말이 맞을 것이다. 그랬다. 그는 세상보다도 못한 것 같은 교회가, 목사가 부끄러웠다.

✝

2011년은 B교회를 바로 세워 보고자 했던 교인들에게 힘든 기억으로 남아 있다. 교인들은 ㄴ 목사에 대한 입장에 따라 '내 편'과 '네 편'으로 나뉘었다. 'ㄴ사모' 교인들은 '교회사랑' 교인들을 신천지로 의심하는가 하면 종북 좌파라는 말도 서슴지 않았다. 얼마 전까지 신앙생활을 함께했던 사람들의 눈빛이 한순간에 바뀌었다. 부목사들 또한 ㄴ 목사 편에 서서 교회사랑 교인들은 아는 척도 하지 않았다.

"그럴 필요까지는 없잖아요."

정수진 집사는 구역 모임 때 집에서 "내 손으로 밥해다가 먹인" 부목사들이 어느 순간부터 눈 한번 마주치지 않는다는 사실에 혀를 찼다.

투쟁은 교인들을 지치게 했다. 당시 고등학교 3학년이었던 김현수 집사(가명·31)는 6월 모의고사 날을 기억하고 있다. 고3에게 6월과 9월 모의고사는 매우 중요한 시험이다. 집에 돌아왔을 때, 부모님은 결과를 물어보기는커녕 초저녁부터 거실에서 쓰러져 잠들어 있었다. 교회에서 싸우고 돌아와 뻗어 버린 것이다. 부모님은 나중에도 모의고사 이야기는 꺼내지도 않았다.

김현수 집사의 부모는 ㄴ사모의 집중 공격 대상이었다. 그의 부모가 교회에서 누구보다 열심이었다는 사실을 모두가 알고 있었고 교회사랑에서도 중추적인 역할을 맡고 있었기에, ㄴ 목사를 지지하는 교인들에게는 눈엣가시였다. 김현수 집사의 부모는

2000년부터 10년 이상 B교회에서 신앙생활을 해 왔다. 청소년 시절 본 아버지·어머니는 거의 매일 교회 일정이 하나 이상 있는 사람들이었다.

김현수 집사도 초등학생 때부터 10여 년간 B교회에 다녔다. 그 또한 중·고등부에서 여러 역할을 하며 교회 일에 열심이었다. 그러나 어린 그의 눈에도 교회가 무슨 보험 회사 같다는 느낌이 들 때가 있었다. 고등학교 2학년 때는 "목사님은 예수 그리스도 얘기를 안 해"라고 부모님에게 이야기한 적도 있다. 교회에서 '예수님'이나 '십자가' 이런 이야기보다는 '어떻게 하면 잘될 수 있는지', '왜 성공해야 하는지'에 대한 이야기가 많이 나온다고 느낀 것이다. 그렇게 교회에 불만을 표하면 아버지·어머니는 오히려 ㄴ 목사를 두둔하고 김현수 집사를 나무랐다.

그렇게 B교회에 충성했던 아버지·어머니가 교회에서 '신천지'로 몰린 일은 충격이었다. 신앙적으로나 정치적으로나 보수 성향이 강한 부모님이 '종북 좌파'로 매도됐다. 고등부에는 "김 씨 아들과 놀지 마라"는 말이 돌았다. 어렸을 적부터 봐 왔던, 교회 일에 열심일 때 예뻐해 줬던 어른들이 자신과 가족을 이렇게 대한다는 것은 큰 상처였다.

"지금 와서 생각하면 '뭐 그럴 수 있지' 하는데, 당시 충격받은 거야 이루 말할 수 없겠죠. 제가 방어기제로 회피하는 경향이 있어서요. 당시 감정까지 회상하기가 좀 어려운 것 같아요. 그만큼 힘든 일이었나 봐요. 별로 생각하고 싶지 않은 부분도 있고…….
그래도 어쨌든 저는 한 차원 높게 생각하려고 노력했던 것 같아요. '이건 신앙의 여정이다', '연단의 과정이다' 이렇게."

당시 고등학교 2학년이었던 고민정 씨(가명·29)의 부모님도 ㄴ 목사를 반대한다는 이유로 신천지와 종북 좌파로 몰렸다. 부모님을 따라 10여 년간 B교회를 다닌 민정 씨 역시 이런 상황을 이해하기 어려웠다. 어린 나이에도 교회가 무언가 상당히 잘못됐다는 것을 감지했다. 고등부라 담임목사를 만날 기회가 별로 없어 ㄴ 목사에 대한 실망은 오히려 크지 않았다. 하지만 ㄴ 목사의 부정과 그간 열심히 봉사해 온 교인들을 매도하는 분위기를, 애써 못 본 척하거나 오히려 그에 동조하는 부교역자들은 이해가 가지 않았다.

한편으로는 세상이 어떻게 돌아가는지 엿본 것 같기도 했다. 교회를 다니면서 신천지는 속임수로 교회를 무너뜨리는 사이비 집단이라는 것을 배웠다. 신천지는 교회의 공공의 적이었다. 그것이 화살이 되어 이런 식으로 날아올 줄은 몰랐다. 종북 좌파라는 말도 마찬가지였다.

'아…… 이런 말들이 그냥 이렇게 쓰이는구나. 교회에 다니는 사람들도, 심지어 목사들도 궁지에 몰리면 무슨 짓이든 하는구나.'

머릿속에서 무언가 깨지는 느낌이었다. 생각의 전환이 일어났다. 그때부터는 뉴스도 다르게 보였다. 민정 씨에게는 그야말로 '세상 공부'였다.

매주 교인들이 치고받는 상황이 1년 넘게 이어지면서 교인들은 줄어들 수밖에 없었다. B교회 분쟁은 여러 상흔을 남겼지만, 민정 씨가 특별히 안타까워하는 부분이 있다. 그는 당시 자기 신앙이 별로 없었다고 회상한다. 그래도 어쨌든 교회 일에 열심이었던 부모님을 따라 교회에 계속 붙어 있을 수 있었다. 그러나 부모님과 함께 교회에 다니지 않았던 친구들은 조용히 교회에서 사라졌다. 그때는 누구도 그들을 신경 쓰지 못했다.

"제 친구들 중에는 가족 단위로 교회에 오는 애가 몇 명 없었어요. 대부분 혼자 나오는 친구들이었는데, 그런 친구들은 이런 교회 사태가 터지면 그냥 공중분해되더라고요. 저는 그 친구들이 제일 안타까운 것 같아요. 연락 안 한 지 너무 오래됐지만 가끔 생각이 나요. '그 친구들은 지금 교회 다닐까? 다시 교회 다니려고는 할까?' 이런 생각이."

주일마다 새벽부터 예배당 쟁탈전을 벌이는 상황이 오래 지속될 수는 없었다. '참담함'이라는 말로는 다 표현할 수 없는 감정들은 교인들을 멍들게 했다. 고성과 욕설, 몸싸움 등 육체적으로도 힘들었지만, 무엇보다 1년 가까이 예배를 제대로 드릴 수가 없었으니 영혼이 말라 갔다. 도저히 한 공간에서 예배할 수가 없다고 판단한 교회사랑 교인들은 2011년 12월 25일부터 B교회 본 건물 아래쪽에 있는 비전센터에서 따로 예배를 시작했다. 그리고 4개월 후인 이듬해 4월 22일 B교회와 결별하고 C교회를 세웠다.

B 교회에 남아 ㄴ 목사와의 투쟁을 계속해야 한다는 사람들도 있었다. 하지만 이미 많은 교인이 지친 상태였다. 따로 예배를

하니 그간 갈급했던 마음이 조금씩 풀리는 것 같기도 했다. 당시 교회개혁실천연대(개혁연대)가 이들을 도왔고, 홍정길 목사(남서울은혜교회 원로), 손봉호 교수(기독교윤리실천운동 자문위원장), 정준경 목사(우면동교회) 등이 예배 설교를 해 줬다. 오랜만에 예배다운 예배, 설교다운 설교를 들으니 살 것 같았다. 매주 눈물바다였다. 그러니 더더욱 다시 돌아가 험한 꼴을 보고 싶지 않았다. 이들은 애초에 투사가 아니라 보수적인 교회에서 '목사님 말씀' 잘 따르며 신앙생활 하던 아주 평범한 교인들이었다.

　- 같이 나가자. 우리가 나가서 더 좋은 교회를 만들어야지 정의가 사는 거 아니겠어?

　정수진 집사는 B교회와 C교회 사이에서 망설이는 교인들에게 말했다. 예배당을 차지하기 위한 싸움은 더 이상 하지 않기로 했지만, B교회보다 못해 보이고(?) 싶지는 않았다. 당시 교인들은 '불의한 B교회'에서 '정의로운 C교회'로 한 명이라도 더 오게 하는 것이 사명이라고 생각했다. 갈팡질팡하는 교인이 있으면 C교회로 가자고 적극 설득했다. 그때 정수진 집사는 B교회 같은 곳은 망해야 한다고 생각했다. 그러려면 교인들이 그곳을 떠나야 했다. 그것이 하나님이 원하시는 정의라고 믿었다.

　교회 창립은 일사천리로 진행됐다. 당시 출석 교인 4000~5000명이던 B교회에서 1500명 넘는 교인이 C교회로 떠나왔다. 교회 창립과 함께 담임목사도 청빙했다. 홍정길 목사의 소개로 남서울은혜교회 부목사였던 ㄹ 목사가 청빙됐다. "목사도 없이 교회 한다"는 소리를 듣지 않으려고 설교가 괜찮아 보였던 ㄹ

목사를 발 빠르게 청빙한 것이다. 그렇게 2012년 4월 22일 B교회 건물 바로 밑 비전센터에서 1200여 명이 모인 가운데 C교회 창립 예배가 열렸다. 홍정길 목사가 설교를, 손봉호 교수가 축사를 전했다. 이들은 B교회에서의 경험이 아팠던 만큼 본이 되는 교회, 사람과 돈을 우상화하지 않는 교회가 되어야 한다고 당부했다.

교인들도 원하는 바였다. 정말 좋은 교회를 만들고 싶었다. 이제 B교회에서 있었던 일을 돌아보며, 분쟁이 일어난 원인을 보완해 나가면 될 일이었다. 교인들은 교회 재정을 투명하게 운영하고, 담임목사에게 과도한 권한이 쏠리지 않도록 하는 정관을 만들 준비를 하고 있었다. B교회보다 더 좋은 교회를 만들 자신이 있었다. 많은 사람이 나왔다는 사실에 든든함도 느꼈다.

─사람이 너무 많네요. 쉽지 않을 겁니다. 아마 인원이 더 줄어야 할 거예요.

교인들을 돕던 개혁연대 목사들만이 찬물을 끼얹듯 말했다. 김혜원 집사는 그 말이 이해가 되지 않았다. B교회에서 많은 사람이 나온 건 잘된 일 아닌가. 그리고 그는 C교회를 함께 세운 교인들에게 일종의 '전우애' 같은 것도 느끼고 있었다.

─아, 왜요. 저희는 같이 힘들게 싸웠던 동지들이기 때문에 이제 찢어질 수가 없어요.

애석하게도 개혁연대 목사들의 진단이 맞았다는 사실은 얼마 지나지 않아 깨달을 수 있었다. 많은 인원이 모였다는 것은 그만큼 생각이 다양하다는 뜻이었다. 초창기에는 모두 같은 마음으로 B교회를 떠나온 줄 알았다. 똑같은 생각으로 C교회에 참여하는 줄 알았다. 아니었다. B교회에서의 경험을 반면교사 삼아 개혁적인 교회를 해 보려는 사람도 있었지만, 그저 친한 누군가를 따라 나온 사람도 있었다. 무엇이 좋고 나쁘다는 의미는 아니다. 다만, 겉으로 보기와는 달리 교인들의 생각에 엄청난 차이가 있었다는 것이다.

　이러한 차이는 갈등 상황에서 더욱 두드러졌다. 그리고 갈등은 예상보다 더 빨리 찾아왔다.

†

　초창기 C교회의 가장 큰 이슈는 예배당이었다. C교회가 예배를 드리는 비전센터는 B교회가 쓰던 곳이었다. B교회와 몇 발짝 떨어져 있지 않았고, 건물에는 또 다른 작은 교회가 있었다. 예배당을 옮겨야 한다는 데에는 모든 교인이 동의했지만, 시기에 대해서는 이견이 있었다. 새 교회를 시작했고 건물에 다른 교회도 있으니 되도록 빨리 다른 장소로 옮겨야 한다는 교인들이 있었다. 반면, 계약 기간이 남아 있기에 다른 곳으로 가면 이중으로 비용을 치러야 한다며 시간을 두고 생각하자는 교인들도 있었다. 비용도 비용이지만 B교회 지척에 C교회가 있다는 사실이 주는 상징성도 중요한 이유였다. 빨리 나가게 된다면 그만큼 ㄴ 목사의 비리가 빨리 잊힌다고 생각했다.

　ㄹ 목사는 하루빨리 나가고 싶어 했다. 이 때문에 입장이 다른 교인들과 마찰을 겪었다. 그는 교인들을 이해하고 공감해 주기

는커녕, 예배당을 빨리 옮기지 않으면 C교회 담임목사직을 관둘 것이라며 강수를 뒀다. C교회를 개척한 지 얼마 되지 않은 때였다. B교회 투쟁과 C교회 설립에 앞장섰던 교인들은 무언가 잘못됐다고 느꼈다. 이들은 정말 개혁적인 교회를 만들고 싶었고, 거기에는 B교회 분쟁의 핵심 원인과 C교회 설립의 의미를 이해하는 목사가 필요했다. 이영화 집사는 그때를 회상하며 헛웃음을 지었다.

"이 교회를 어떻게 세웠는지 아는 사람이 어떻게 저렇게 가볍게 말할 수 있을까 싶었던 거예요. 그런데도 우리는 크게 문제를 제기하지 못했어요. '또 목사를 내치려 한다'는 소리를 들을까 봐……. 그 딱지를 떼고 싶어서 최대한 잘해 드리려고 했죠. 그래서 목사님 집에 찾아가 '그래도 우리가 함께 가자'고 이야기하려 했어요. 그랬더니 또 우리와 말하기 싫다면서 집에도 안 계시더라고요."

멀리서 설교하는 모습만 보면 문제 될 게 없었지만, 가까이서 ㄹ목사의 언행과 성품을 겪을수록 교인들은 크고 작은 상처를 받았다. C교회 교인, 특히 앞장서서 투쟁했던 이들은 영혼에 깊은 상처를 입은 상태였다. 그 상처들을 치유받기는커녕 시간이 갈수록 덧나는 느낌이 들었다. 정수진 집사 또한 ㄹ목사의 언행을 보고 진작 C교회를 떠나고 싶었다. 하지만 자신이 설득해 C교회로 오게 된 사람들 때문에 선뜻 교회를 나서지 못했다. 그들을 두고 떠난다는 건 책임감이 없어 보였다. 또 그때는 무엇을 하든 B교회 눈치를 봤다. 교회를 박차고 나왔으니 C교회는 무조건 B교회보다 잘돼야 했다. 그렇게 또다시 은혜가 되지 않는 교회 생활을 버텨야 하는 상황이 됐다. 처음 꿈꾸었던 교회 개혁과는 점점 거리가 멀어지는 것 같았다.

C교회가 세워지고 2년 반이 지난 2014년 말, 불난 집에 기름을 붓는 사건이 벌어졌다. ㄹ 목사가 모든 교인이 보는 가운데서 한 교인을 비방한 것이다. 내용조차도 유언비어였다. 설사 누군가에게 문제가 있다고 하더라도, 목사가 이런 방식으로 교인을 대하는 것은 도저히 받아들일 수 없었다. 교회가 어떻게 돌아가는지 잘 알고 있었던 교인들은, 이것이 ㄹ 목사와 특정 장로 중심으로 세력을 형성하기 위해 벌어진 일이라는 사실을 간파했다. 참고 참았던 교인들은 더 이상 C교회에 다닐 수 없는 상태가 됐다.

"우리와 맞지 않는 목사였던 거죠."

김혜원 집사는 말했다. 목사에게 상처받고 패잔병처럼 모여 있는 교인들에게는, 이들을 감싸고 위로할 수 있는 포용력 있는 목사가 필요했다. 김 집사는 "우리는 상처 입은 성도들이라 긴 시간 영적 치유가 필요하다"고 말해 왔다. 그러나 ㄹ 목사는 그런 사람이 아니었다. 분쟁을 경험했다는 것, 목사에게 배신당하고 함께 신앙생활 하던 교인들과 눈 흘기고 몸싸움을 벌였다는 것이 어떤 상흔을 남기는지 모르는 것 같았다. 교인들의 상처를 헤아리고 보듬기는커녕, 오히려 상처를 주고 급기야 전 교인 앞에서 한 교인을 비난하는 데까지 이르렀다.

이영화 집사를 더욱 마음 아프게 했던 것은 다른 교인들의 반응이었다. 한 교인이 억울하게 누명을 썼는데도, 다른 교인들은 그냥 앉아 있을 뿐이었다. 오히려 ㄹ 목사 편을 들며 편 가르기를 부추기는 사람들도 있었다. C교회 교인들은 교회 분쟁을 겪고 개혁적인 교회를 해 보려고 나온 사람들 아닌가. 호된 값을 치르고 배운 것은, 목사에게 지나치게 의존하는 신앙생활과 목사에게 지나친 권한을 주는 교회는 부패한다는 사실 아니었나. 그렇다면 문제를 제기해야 했다. 그러나 대다수 교인이 순응했다. 더 이상 교회에서 싸우기 싫은 맘이야 이해하지만, 그래도 이런 식은 아니었다.

'이러려고 우리가 그 난리를 겪었단 말인가⋯⋯.'

새벽마다 예배당에서 육탄전을 벌이고, 고소를 당해 경찰서 가서 조사받고, 갖은 욕을 먹고 협박을 당하고⋯⋯. C교회를 세우기까지 고생했던 일들이 머릿속에 주마등처럼 지나갔다. 그걸 다 아는 사람들이 저렇게 침묵한다는 사실을 이영화 집사는 믿고 싶지 않았다. B교회 교인들의 악다구니보다 C교회 교인들의 외면이 더 큰 상처로 다가왔다. 정말 좋은 교회를 만들고 싶었는데, C교회 또한 목사 중심 구조와 그로 인해 교인들이 갈라지는 모습이 반복되고 있었다. 이영화 집사는 C교회가 2년여 전 꿈꾸었던 교회가 아니라는 사실을 뼈아프게 받아들여야 했다.

3

2014년 12월의 어느 날. 교인들은 추운 바람을 피해 서현동 맥도날드로 하나둘 모였다. 당시 밤늦게까지 운영했던 맥도날드는 B교회 투쟁 때부터 교인들의 단골 회의 장소였다. 다시 이런 일로 모이는 일은 없을 거라 생각했다. 하지만 더 이상 C교회에도 갈 수 없게 된 교인들은 자연스럽게 맥도날드로 모였다. 다들 B교회 개혁 운동의 중심에 있던 사람이었다. 이들은 앞으로 어떻게 할 것인지 이야기했다.

C교회에 계속 간다면 벌어질 일들은 명약관화였다. ㄹ 목사에게 문제를 제기할 수밖에 없고, 그것은 또다시 긴 싸움이 될 것이었다. 교회는 ㄹ 목사를 따르는 교인들과 개혁을 요구하는 교인들로 갈라질 것이다. 그렇게 되면 교회는 더 이상 하나님을 예배하는 장소가 아닌 전쟁터가 되어 버린다. 이것은 다시 겪고 싶지 않은 일이었다. 그럼에도 C교회 안에서 더 싸워야 한다는 사람들도 있었다. 어떻게 세운 C교회인데 이대로 물러날 수는 없다는 것

이다. 그 말도 맞았다.

그때 이영화 집사가 일어나서 말했다.

– 집사님들, 저는 이제 안 싸울 거예요.

이영화 집사는 며칠 전 기도하다가 떠오른 말씀을 이야기했다. '이삭의 우물.' 알고는 있었지만 눈여겨보지 않은 본문이었다. 그는 성경을 펼쳐 이삭의 우물 이야기가 나오는 창세기 26장을 찾아 다시 읽었다. 이삭이 블레셋을 떠나 우물을 파서 물 근원을 얻었는데, 그 지역 목자들과 다툼이 일어나 빼앗기고 만다. 다른 곳에 다시 우물을 팠는데, 또 다툼이 일어나 그것마저도 빼앗기게 된다. 세 번째 우물을 팠을 때 다툼이 일어나지 않았다. 이삭은 그 우물을 '르호봇'이라 불렀다.

두 번이나 우물을 빼앗긴 이삭의 처지가 꼭 자신과 같았다. 그래, 필요하면 그 물 너희가 다 가져라. 나는 더 좋은 물을 파야겠다. B교회에서 싸워 보니까 소모전이더라. 결국 이길 수 없는 싸움이고, 우리 영혼만 피폐해지더라. 그런 싸움을 C교회에서 반복하느니, 그 힘으로 더 좋은 우물을 파는 게 낫겠다. 어떻게 해야 할지 갈피를 잡지 못하고 있던 이영화 집사는 이 말씀을 묵상하며 마음을 굳혔다.

– 저는 더 이상 싸우지 않고 이삭처럼 새로운 우물을 파겠습니다. 싸우실 분은 계속 싸우세요. 힘은 되어 드리겠습니다.

더 이상 견딜 수 없었던 정수진 집사도 그 무렵 조용히 C교회를 떠났다. 구역장을 하다가 어느 날 사라진 것인데, C교회에서는 담당 구역 목사든 교인들이든 연락 한 통 없었다. 구역 모임을 하

이우교회의 강대상은 목재로 만든 우물 모양이다.
우측 상단에 히브리어로 '르호봇'이라고 쓰여 있다.

면서 매주 만나며 신앙을 나누던 사람들이 거짓말같이 연락을 끊었다. 설득해 주길 바란 건 아니었지만, 적어도 "좋은 교회 찾아보시라", "신앙 잃지 마시라" 이 정도는 말해 줄 수 있는 것 아닌가. 정말 좋은 교회를 만들어 보자는 마음으로 2년 반 동안 C교회를 섬겨 왔는데, 그 시간이 대체 무엇이었는지 회의감이 들었다.

교회는 나왔지만 막상 무엇을 해야 할지 막막했다. 다른 교회를 몇 군데 가 보기도 했다. 그런데 하나같이 불편했다. 한두 번 가봐서 교회 시스템을 알 수는 없었으니, 문제는 목사들의 설교였다. 어떤 교회에서는 헌금을 강요하는 설교가 나오는가 하면, 어떤 교회에서는 옛날 부흥사 스타일의 설교가 나왔다. 두 번이나 목사에게 큰 상처를 받아 목사가 곱게 보이지 않는 것도 사실이었지만, 이런 설교가 나오는 곳에서 신앙생활을 이어 갈 수는 없었다. 대형 교회에서 익명의 한 사람으로 앉아 있는 것도 마뜩잖았다. 그러다 이영화 집사에게 연락을 받았다.

새로운 우물을 파겠다고 나온 이영화 집사였지만, 그 역시 어떤 계획이 있는 건 아니었다. 무엇을 추진할 힘도 남아 있지 않았다. 일단 마음이 맞는 교인들과 모여서 기도를 하기로 했다. 열 평도 안 돼 보이는 작은 상가 교회 공간을 저녁에만 쓰기로 했다. 매일 저녁 20여 명이 모여 작은 공간에서 기도를 했다. 이들은 지금 상처가 깊어 응급처치가 필요한 사람들이었다. 그러나 어떻게 상처를 치료해야 하는지 알지 못했다. 기도하러 앉아 있으면 금세 눈물이 나왔다. 그래도 같이 있으면 조금 나았다. 서로가 서로의 상처를 아는 사람들이었으니.

다행히 소식을 들은 개혁연대와 정준경 목사가 도움의 손길을 뻗었다. B교회 분쟁 때도 교인들에게 도움을 줬던 정준경 목사는, 일요일 오전 자신이 담임하던 교회에서 예배를 드리고 오후에는 C교회를 떠난 교인들과 예배를 드려 줬다. 양진일 목사(가향공동체)도 주중에 교인들을 위해 성경 공부반을 열어 줬다. 교인들은 예배와 말씀을 되찾으면서 조금씩 회복해 갔다. 다른 데 힘을 쏟지 않고 오직 예배와 기도, 말씀에만 집중했다.

"말씀이 채워질 때 그 느낌이 있어요. 뭐라고 표현할 수 없는 깊은 안도감. 말씀으로 깊이 들어가서 그 안에서 얻는 위로와 위안. 뭔가 본질에, 하나님께 다가가는 느낌을 받았어요. 하나님의 말씀은 어떤 검보다도 예리해서 관절과 골수를 찔러 쪼갠다고 하잖아요. 그렇게 정말 무섭기도 하고, 어떨 때는 진짜 꿀송이처럼 달기도 하고, 그런 걸 그때 느꼈어요. 말씀이 이렇게 단 거였구나, 이렇게 우리를 충족시켜 주는 거였구나."

김혜원 집사에게는 C교회를 떠나는 결정이 더욱 힘들었다. B교회서부터 데려온 장애인 부서 아이들 때문이었다. 장애인 아이들과 함께 있는 건 여전히 그에게는 행복이었다. 부서에서 봉사할 때는 더없이 즐거웠지만, 집에 돌아오면 영적으로 고갈된다는 느낌을 자꾸 받았다. ㄹ 목사에게 실망해 설교가 귀에 들어오지 않으니 예배가 되지 않은 탓이다. 긴 고민 끝에 결국 교회의 본질은 봉사활동이 아니라는 사실을 인정할 수밖에 없었다. C교회를 떠나고는 한동안 우울했다. 그래도 떠난 교인들과 함께 예배하고 공부하며 제대로 된 말씀을 접하면서 점점 기운을 차렸다.

돌아보면 교인들의 영적 성장은 그때 시작됐다. 두 번이나 교회에서 쫓겨나듯 떠나는 일이 없었다면, 말씀을 그토록 가슴 저미게 받아들일 수 없었을 것이다. 그 여정은 모질었고 상처는 깊었지만, '목사님 말씀'에 무조건 충성하며 우물 안 개구리처럼 사는 것이 더욱 비참한 일이라는 사실도 깨달았다. 이들은 드디어 맹종에서 벗어나 하나님 앞에 일대일로 설 수 있게 됐다.

✝

– 교회 세우셔야죠. 교회는 많을수록 좋은 거예요. 빨리하세요.

정준경 목사가 2015년 1월부터 오후 예배를 함께해 주면서 새로운 교회가 시작됐다. 사실 교인들은 걱정이 많았다. 교회를 떠나 새로운 교회를 만들었지만, 결국에는 세상에 '그저 그런' 교회 하나를 추가했다는 생각에 죄책감마저 들었기 때문이다. 그래서 누구도 '새롭게 교회를 하자'는 말을 선뜻 꺼내지 못했다. 일단 힐링이 필요하니 몇 개월간은 모여서 기도하며 지내는 게 어떨까 싶었다. 이런 고민을 말하자 정준경 목사는 말했다.

– 힐링도 교회를 세워야 되는 겁니다.

새로운 교회 이름은 이삭의우물교회, '이우교회'였다. 교인들이 투표해서 정한 이름이다. 이영화 집사의 마음과 다른 교인들의 마음이 다르지 않았던 것이다. 교회를 시작하자 처음에 20여 명이었던 교인이 점점 늘었다. C교회에서 넘어온 교인들도 있었고, C교회를 떠나 여러 교회를 전전하던 교인들도 소문을 듣고 다시 모여들었다. 일부러 끌어모으지는 않았다. B교회에서 나와 C교회를 세울 때 했던 실수를 반복하고 싶지 않았다. 조용한 시작이었다.

교인들은 세 달 후 2015년 4월 5일, 정식으로 이우교회 설립 예배를 드렸다. 어느새 교인은 60~70명이 됐고, 시간이 지날수록 계속 더 모여들었다. 이후 1년 반 동안 전임 목사 없이 교회를 이어 나갔다. 정준경 목사 후에는 목사·교수 4명을 섭외해 이들이 돌아가면서 설교를 해 줬고, 그 후에는 한국일 교수(장신대 은퇴)가

6개월간 설교를 맡아 줬다. 교회 안에서는 전임 목사를 청빙해야 한다는 주장이 대두되기 시작했다.

전임 목사를 청빙하려니, 자연스럽게 교회를 운영하는 규범이 필요했다. 이우교회는 2016년 5월, 정관을 비롯한 각종 규범을 만드는 TF를 꾸렸다. 이우교회가 무엇을 추구하는지, 교회는 어떻게 운영할 것인지 활자로 정리하는 일은 중요했다. TF에 참여한 교인 5명은 정관에 대해 공부했다. 개혁연대가 내놓은 '모범 정관'은 물론, 민주적이고 투명한 운영을 추구하는 교회들의 정관을 비교·분석했다.

그렇게 6개월간 연구 끝에 2016년 11월 이우교회 정관, 재정 운영 규정, 회계 규정, 인사·복지 규정이 만들어졌다. 이는 이우교회 교인들의 경험과 기도와 눈물이 스며 있는 결정체였다. 소극적으로는 B교회와 C교회에서 겪었던 문제들을 반복하지 않겠다는 의지였고, 적극적으로는 정말 이 땅에 하나님의 나라를 이루는 공동체를 만들고 싶다는 소망이었다. 이우교회 정관은 다음과 같이 시작한다.

이우교회는 예수 그리스도를 머리로 하여 그의 몸 된 교회 안에서 지체들이 아름다운 공동체를 이루어 나갈 것을 소망하며, '이우교회 공동체 선언'을 반석으로 하나님의 말씀에 따라 나눔과 섬김을 실천하는 교회, 사제적 권위주의를 배격하는 교회, 세상 속에서 하나님의 복

음을 삶으로 실천하여 전도하는 공동체를 이루기 위해 전 교인이 회의를 거쳐 본 정관을 제정하다.

'이우교회 공동체 선언'

이우공동체(이삭의우물교회)는 진실로 하나님 말씀에 기초한 작고 바른 교회를 꿈꾸는 성도들의 공동체이며, 웨스트민스터 신앙고백과 성경 대·소요리 문답이 성경을 밝히 해석한 책으로 인정하여 마땅히 가르치고 배우는 데 힘쓸 것입니다.

1. 공동체는 신·구약 성경을 정확 무오한 하나님의 말씀으로 믿으며, 하나님은 한 분뿐이시니 오직 하나님만을 경배합니다.
2. 공동체의 머리는 오직 예수 그리스도이며 공동체의 주권은 그의 부르심을 입어 공동체를 구성한 성도들에게 있습니다.
3. 오직 주님만이 양심을 주재하시므로 성도들은 내재하신 성령님의 인도하심 따라 양심대로 사안을 판단할 권리가 있고 아무도 이 권리를 침해하지 못합니다.
4. 공동체와 성도는 거룩하게 구별된 삶을 추구하며, 건물이나 성도 수와 같은 외형의 크기나 재물 등 일체의 기복 신앙을 좇지 아니합니다.
5. 공동체는 직분 등에 의한 계급적 질서를 세우지 않으며, 세상의 부와 지위에 의한 구분을 멀리하고 예수 안에서 서로 평등하게

존중합니다.

6. 공동체는 재정의 적정한 비율을 배정하여 선교와 구제에 사용합니다. 특별히 세상의 가난하고 약한 이웃을 섬기는 일에 정성을 다합니다.

7. 성도들은 공동체 안에서나 밖에서나 빛과 소금의 삶을 살아 내며 하나님의 공의가 살아 있는 세상을 이루기 위해 참여하고 행동합니다.

8. 공동체는 민주적인 회의와 토론으로 운영되며 소수의 의견도 존중하여 끝까지 하나 됨을 위해 노력합니다.

9. 성도들은 그리스도의 부르심을 받아 다양한 방법으로 하나님나라 사역에 참여하고 모든 사역자는 동등하게 서로를 존중합니다.

10. 성도는 서로 겸손히 섬기고 목회자는 말씀과 기도에 전념하여 성경 공부와 가르침으로 성도들을 섬깁니다.

이우교회 정관에는 민주적인 공동체를 이루기 위한 여러 장치가 존재한다. 목회는 목회자가, 행정은 교인들이 하도록 나눠 놨다. 전반적인 교회 운영은 운영위원회를 비롯한 각 위원회가 담당한다. 무엇보다 목사의 재신임 규정과 교인들이 목사를 해임할 수 있는 규정을 철저하게 정해 놨다. 집사·장로·권사 등 직분은 '호칭제'를 채택했다. 일정 기준을 충족하고 나이가 되면 각 직분을 주되 특별한 권한은 없다. 이외 재정 운영 규정과 회계 규정도 아주 상세하게 정했다. 누구도 교회 돈을 함부로 쓸 수 없게 한 것이다.

유재선 장로(가명·66)는 TF에 참여하며 많은 것을 배웠다. 전에는 교회만 열심히 다니면 되는 줄 알았다. 정관이 어떤지, 내가 낸 헌금이 어떻게 쓰이는지 알지도 못했고 관심도 없었다. 이우교회 정관을 만들기 위해 다른 정관들을 하나하나 뜯어 보면서, 앞선 두 교회에서의 경험이 스쳐 지나갔다. 교회는 어떤 규정에 의해 돌아가는가, 무엇이 문제인가, 어떤 조항 때문에 이런 사태가 일어났는가, 이런 것들을 방지하면서도 모든 교인의 의사를 반영해 교회를 운영하려면 어떻게 해야 하는가……. 그렇게 문구 하나하나 손보고 교인들의 의견을 수렴해 가는 과정이 그에게는 하나님의 은혜였다.

"이스라엘 백성들이 애굽에서 나와 가나안 땅에 들어갈 때 모세가 그러잖아요. 하나님 말씀을 기억하고 자녀들에게 가르치라고. 두 번의 분쟁 경험에서 얻은 교훈이 있다면, 최소한 우리가 다시는 우리 자녀 세대들에게 이런 교회 사태를 겪게 하지는 말자는 거, 좋은 교회에서 신앙생활을 할 수 있도록 해 주자는 거예요. 그러려면 우리 정체성을 한 번씩 돌아보면서 기억할 수 있어야겠죠. 이우교회 공동체 선언과 정관 같은 것들이 우리 정체성을 기억할 만한 지침이 될 수 있을 거라 생각해요."

이우교회를 돕던 정준경 목사가 이우교회 전임 목사직을 추천했을 때, 김종필 목사(52)의 솔직한 심정은 '반반'이었다. 김종필 목사는 청년 시절 기독교윤리실천운동에서 일하다, 뒤늦게 고려신학대학원에서 신학을 공부하고 목사가 됐다. 추천을 받은 2016년 당시에는 한국기독교100주년기념교회 부목사로 있었다. 100주년기념교회 부교역자 생활을 정리하고 싶은 마음도 있었지만, 이우교회는 상당히 부담되는 곳이기도 했다.

이우교회 교인들은 그냥 교인들(?)이 아니었다. 두 번이나 담임목사에게 상처받은 교인들이 '목사'를 선입견 없이 바라본다는 건 어려운 일이다. 물론 어려웠을 때마다 도와줬던 목사들도 있었기에 모든 목사가 부패했다고 생각하지는 않았지만, 기본적으로 목사에 대한 불신이 깔려 있는 건 어쩔 수 없었다. 상처에는 증상이 따른다. 당시 교인들의 마음은 넉넉하지 못했다. 예민했고 날 서 있었다. 교인들끼리도 날카로운 말들로 상처 주고 상처 입었다. 예배와 성경 공부를 사수하고 민주적인 운영을 위해 정관을 만들며 조금씩 교회를 세워 나가는 중에도, 교인들끼리는 사소한 일로 상처를 주고받는 일이 잦았다. 서로가 서로를 지탱해 주는 힘이었지만, 동시에 분쟁을 통과하며 돋친 가시들이 서로를 찌르기도 했다.

당연하게도 목사에 대한 규정은 엄격했다. 이름부터 남달랐다. 이우교회는 '담임목사'라는 말 대신 '섬김목사'라는 말을 썼다. 목사의 정체성은 '담임'이 아니라 '섬김'이며, 우리는 군림하는 목사가 아닌 섬기는 목사를 원한다는 교인들의 명확한 의지가 느껴지는 이름이었다. 섬김목사는 1년 임시직 후 신임 투표를 거치고, 이후 3년마다 재신임 투표를 거쳐야 한다. 섬김목사는 재정에 관여하지 못하고 운영에 있어서도 큰 권한이 없다. 운영위원 중 한 명으로 1/n의 목소리를 낼 수 있을 뿐이다. 운영위원장도 교인이 맡는다. 목사의 권한을 견제하는 민주적인 시스템이지만, 목사 입장에서는 이게 청빙인지 고용인지 헷갈릴 정도였다.

규정은 이해한다 쳐도 김종필 목사는 청빙 절차에 응하고 싶지 않았다. 이우교회는 이력서와 여러 질문에 대한 답변서, 공청회 등을 요구했는데, 김종필 목사에게는 '담임으로 가는 교회에는 이력서를 내고 싶지 않다'는 바람이 있었다. 부교역자 때는 훈련을 받는 기간이니 고용돼서 일할 수 있는 것이지만, 담임목사는 '청빙', 말 그대로 "부탁하여 부르는" 것 아닌가. 누군가는 괜한 자존심이라고 할 수도 있겠으나 김종필 목사는 그랬다. 무엇보다 그는 한 번도 아니고 두 번이나 교회에서 상처받고 나온 사람들의 심정이 어떨지 가늠조차 되지 않았다. 자신이 감당할 수 있는 것인지 자신이 없었다. 누구에게도, 어디에서도 이런 교인들을 목회하는 방법은 배우지 못했다.

— 목사님, 저희 가족이 이우교회에 오기까지 서너 교회를 거쳐 왔어요. 엄마 아빠랑 항상 열심히 했는데, 매번 '교회를 힘들게 하는 가족'이 되어 버리더라고요. 가는 곳마다 이러니까 '우리 가족이 뭔가 잘못한 건가. 무슨 저주를 받았나' 하는 불안감까지 들었어요.

청빙위원들을 만난 자리에서 한 여성 청년이 울먹이며 말했다. 미팅 내내 별말이 없다가 마지막으로 김종필 목사가 청년 이야기도 듣고 싶다고 하자 꺼낸 말이었다. 김종필 목사는 이 말을 들을 때 마음이 움직이는 것을 느꼈다. 그는 '그렇지 않다. 당신들이 잘못해서 그런 게 아니다'라고 말해 주고 싶었다. 이들의 깊은 상처를 치유하는 길은 말이 아니라 '세상에는 그런 목사만 있는 게 아니'라는 걸 경험시켜 주는 것뿐이라고 생각했다. 당시 100주년기념교회 담임이던 이재철 목사와의 면담도 떠올랐다. 이재철 목사는 "지금 시대에는 목사가 교회를 개척하는 일도 자기 욕망일 수 있다"며, 그동안 자신이 맡아 왔던 교회들은 모두 교인들이 먼저 도움을 요청한 곳이었다고 했다.

도움이 필요한 교인들이 도움을 요청하고 있었다. 김종필 목사는 교회 분쟁을 겪고 떨어져 나온 많은 교회가 대부분 표류하고 있다는 소식을 들었다. 이우교회가 건강한 교회로 서 가는 데 도움이 된다면, 그것만으로 목사로서 해야 할 일은 다 한 것이지 않을까라는 생각도 했다. 그는 '이력서 내고 가고 싶지 않다'는 마음을 접고 이우교회가 요구하는 청빙 절차를 거쳤다. 당시 자신을 비롯해 4~5명이 추천을 받았다고 들었다. 투표를 통해 최종적으로 김종필 목사가 선정됐고, 그는 2016년 12월 이우교회 섬김목사로 부임했다.

그로부터 7년이 지났다. 김종필 목사는 1년 후 신임 투표, 3년 후 재신임 투표, 또 3년 후 재신임 투표를 거쳤다. 투표 때마다 압도적인 찬성표를 받았지만, 재신임 투표가 있다는 사실은 그 자체로 긴장을 유발하는 일이었다. 김종필 목사는 이우교회에 있으면서 '섬김목사'의 역할에 대해 고민하고 실천해 왔다. 그가 깨달은 목사의 역할은, 교인들이 꿈꾸는 교회를 이뤄 갈 수 있도록 한 발

뒤에서 지지해 주고 밀어주는 것이었다. 자신의 목회관을 앞세우지 않았으며, 항상 교인들에게 묻고 함께 내린 결정에 따랐다. 특히 교인들의 아픔을 알고 있기에, 사례비 등 돈 문제에 대해서는 일절 언급하지 않았다.

교인들도 김종필 목사의 수고를 모르지 않는다. 이우교회 교인들은 초창기 자신들의 상태가 "예수님이 와도 만족하지 못할" 정도였다고 말하기도 한다. "내가 목사였다면 이런 교회는 절대 안 왔다"고 말하는 교인도 있다. 농담 반 진담 반이지만, 그만큼 날서 있었고 기준이 높았다는 것을 알고 있다. 가시 돋친 교인들의 이야기를 들어 주고, 강박적이라고 보일 만큼 민주적인 의사 결정 과정에도 싫은 소리 하지 않고, 때로는 자존심 상할 수 있는 일에도 의연하게 그 자리에 있어 준 김종필 목사에게 감사한 마음이 있다. 교회 설립 후 8년이 지난 지금(인터뷰 당시), 교인들의 가슴속에 응어리져 있던 독기는 이제야 많이 풀어진 느낌이다. 시나브로 치유가 일어난 것이다. '세상에 그런 목사만 있는 게 아니다'라는 체험이 긍정적인 역할을 했음은 물론이다.

"시간만 지난다고 해서 절대 치유가 일어나지는 않죠."

김혜원 집사는 단지 시간이 지난 만큼 잊힌 것이 아니라고 말한다. 그는 특히 김종필 목사의 아내 정신실 작가가 진행하는 '에니어그램과 내적 여정' 프로그램에서 진정한 위로와 치유를 경험했다. 여성으로서 자존감도 높아졌고, 그리스도인으로서 주변에 어떤 영향력을 끼치고 살아야 할지 한 단계 나아간 고민을 하게 됐다. 정신실 작가는 〈커피 한 잔과 함께하는 에니어그램〉(죠이선

교회), 〈신앙 사춘기〉(뉴스앤조이), 〈슬픔을 쓰는 일〉(IVP) 등을 써 낸 작가이자, 정신실마음성장연구소 소장으로 전문 상담사다. 이우교회가 정신실 작가에게 '사모' 역할을 요구하지는 않지만, 목사의 아내가 마음을 돌볼 줄 아는 사람이라는 것은 마음이 깨져 있는 이우교회 교인들에게 또 하나의 큰 복이었다.

✝

이우교회는 2023년 7월 30일 공동의회에서 정관을 일부 개정했다. 섬김목사가 1년 임시직 후 3년씩 두 번의 임기를 마치면, 다음부터는 임기를 7년으로 한다는 내용이다. 두 번째 임기까지 마치면 7년을 섬김목사로 재직한 것인데, 이쯤 되면 검증 기간은 충분했다고 보고 임기를 탄력적으로 조정한 것이다. 정관 개정 후, 두 번째 임기를 마친 김종필 목사의 재신임 투표가 있었다. 김종필 목사는 찬성 99표, 반대 3표로 세 번째 임기를 맞게 됐다. 정관 개정에 따라 이제는 3년이 아닌 7년 후 재신임 투표를 하게 된다.

이우교회는 공동의회 전, 모든 교인이 볼 수 있도록 공동의회 안건을 자세히 설명한 자료를 예배당 게시판에 붙여 놓는다. 공동의회 다음 주에는 게시판에 공동의회 회의록을 붙여 놓는다. 단순히 결과만 공지하는 것이 아닌 자세한 회의록을 게시해, 공동의회에 참석하지 않은 사람들도 회의록을 보면 분위기가 어땠는지 대강 알 수 있을 정도다. 이외에도 게시판에는 '섬김운영회의' 회의록도 붙어 있다. 민주적이고 투명한 운영은 이우교회의 기본 원칙으로 굳어졌다.

분쟁을 겪고 상처 받은 교인들이 만든 교회가 오래, 잘 세워지는 경우는 드물다. 개혁의 기치를 들고 시작했더라도 이내 기성교회처럼 변질되는 경우도, 사람들이 빠져나가 문을 닫는 경우도 많다. 그러나 이우교회는 조용하지만 단단하게 이어져 오고 있다. '교회 개혁'을 논할 때 이야기되는 주제들 - 민주적 정관에 의한 운영, 운영위원회 제도, 목사 재신임제, 직분 호칭제, 투명한 재정 관리 등을 모두 실천하고 있다.

한편으로는 '올프렌즈'라는 단체를 통해 이주민 선교에도 힘을 쏟고 있다. 올프렌즈는 이우교회 교인들이 2010년 B교회 시절부터 지원·참여해 온 이주민 선교 단체다. B교회에서도 C교회에서도, 목사에게 문제를 제기하는 교인들이 많이 참여한다는 이유로 올프렌즈 지원을 끊었다. 이우교회 교인들이 그 자리를 메워 왔기에 올프렌즈는 계속될 수 있었다. 교인들은 13년간 이주 노동자들과 결혼 이민자들을 섬겼고, 캄보디아로 귀국한 5명이 신학교에 입학해 현지에 교회를 세우기까지 했다.

부침이 없었던 것은 아니다. 교회가 항상 옳은 선택을 해 왔는지도 장담할 수 없다. B교회 투쟁부터 C교회를 거쳐 이우교회 설립까지 앞장섰던 교인들이 보기에는 우려스러운 지점들도 있었다. 이영화 집사는 한때 방황하기도 했다. 교회를 세울 때 중요하다고 생각했던 가치들이 시간이 지나며 하나둘 무너지는 것처럼 보였기 때문이다. 그러나 몇 년 뒤 깨달은 건, '우리가 세운 것들을 잘 지켜야 좋은 교회가 된다'는 마음은 착각이자 자만심일 수 있다는 것이었다.

사실 이런 마음은 이우교회 설립에 공을 들였던 초창기 교인들에게는 자연스러운 것이었다. 어떻게 세운 교회인가. 이 교회를 이루기까지 얼마나 많은 눈물을 쏟았는가. 하지만 이들은 지난 시간들을 통해 이우교회가 자신들의 것이 아님을 깨달았다. 자신들이 공동체 선언에 직접 쓴 것처럼, 교회는 하나님의 것이며 교회의 머리는 오직 예수 그리스도라는 말이 머리에서 가슴으로 내려가는 시간이었다. 이들은 이우교회가 앞으로 어떻게 가야 한다고 이야기하지 않았다. 앞으로의 이우교회는 다음 사람들이 만들어가는 것이다. 자신들은 뒤에서 밀어주고 그 자리에 있어 주는 역할을 할 것이다.

다행히도(?) 이우교회는 젊은 세대에게도 '좋은 교회'다. 고민정 씨는 이우교회 초창기, 청년 7~8명이 앉아 있던 청년부실 분위기를 잊지 못한다. B교회에서 또래는 100명도 넘었다. C교회에서도 몇십 명은 됐다.

'우리만 이렇게 여기 와 있네.'

처참한 기분마저 들었다. 분쟁 과정을 지켜본 청년들도 가시 돋친 건 마찬가지였다. 모이면 목사 욕, 교회 욕이 절로 나왔다. 어른들에게는 우리를 건들지 말라고, 이렇게 교회에 나와 주는 것만 해도 감사한 줄 알라고 무언의 메시지를 전했다. 어른들은 민주적인 교회 운영을 위해 청년들도 회의에 참여시키려 했는데, 외려 청년들의 반응은 차가웠다.

초창기만 해도 민정 씨는 자기 신앙이 별로 없었다. 부모님을 따라 이우교회까지 흘러온 것이다. 그에게는 뒤늦게 이우교회에 찾아온 한 언니가 큰 영향을 줬다. 그 언니와 많은 이야기를 나누며 교회와 세상에 대해 배웠다. 10대 때 B교회서부터 함께해 온 민정 씨에게 이우교회 공동체는 너무 익숙하고 가족 같은, 그래서 때로는 귀찮아지기도 하는 존재였다. 하지만 서울에서 홀로 살았던 그 언니에게 이우교회 공동체는 너무나 소중한 존재였다. 그는 3년 전 갑자기 세상을 떠났다. 민정 씨에게도, 교회에도 큰 충격을 준 일이었다. 민정 씨는 그때부터 자기 신앙과 교회를 좀 더 진지하게 고민하기 시작했다.

생각해 보면 자부심을 느껴도 좋은 교회였다. 이우교회에서는 존중받고 정죄당하지 않는다. 청년들에게 열심을 강요하지 않는다. 어떤 이야기도 할 수 있고, 내가 이야기한 것이 실제로 교회 정책에 반영되기도 한다. 지금 한국의 젊은 세대에게 교회는 '후진', '꼰대' 집단으로 비치는 게 사실이다. 교회에 다닌다고 말하면 '그런 델 왜 다녀……' 하는 분위기다. 그런 분위기에서도 민정 씨가 가끔 신앙과 교회 이야기를 할 때면, 사람들은 '그런 교회도 있구나', '그 교회는 좀 다르구나' 하는 반응을 보인다.

김현수 집사에게도 이우교회는 '안전한 공간'이다. 그가 보기에도 이우교회는 시스템상 쉽게 부패할 수가 없다. 무엇보다 무슨 말을 해도, 무슨 행동을 해도 함부로 정죄당하지 않을 거라는 안정감이 있다. 전도와 선교뿐 아니라 기후 위기, 페미니즘 등 여러 의제에 대해 이야기할 수 있고, 이런 이야기가 함부로 무시당하거나 '보수 아니면 진보'라는 이분법적으로 취급되지 않는다. 공동체 선언에 명시돼 있는 것처럼 "성령님의 인도하심 따라 양심대로 사안을 판단할 권리"가 보장되는 교회다. 청년들 입장에서는 의지만 있다면 여러 가지를 시도해 볼 수 있는 공간이다.

"지상에 완전한 교회는 없다고 하잖아요. 저는 우리 교회가 지금의 문화를 잘 지켜 나가면 좋겠어요. 서로의 다름이 부딪쳐야 매끄러운 돌이 되는 것처럼, 서로를 통해서 배울 수 있고 갈고 닦일 수 있는. 그냥 '이 길이 맞다'고 해 버리면 그런 기회가 많이 사라진다고 생각하거든요. 돌아보면 지나온 두 교회가 그랬던 것 같아요. 하지만 그런 단 한 가지 옳은 길이라는 건 없죠."

김현수 집사는 말했다. 그렇다. 지상에 완전한 교회는 없다. 그렇다면 지상의 교회는 더 나아지려고 노력할 수 있을 뿐이다. 특정인이 제왕적이고 독점적 권력으로 밀고 나가는 교회는 빠르고 명확할지 모르나, 이런 방식으로 성장해 온 기성 교회의 몰락 또한 빠르고 명확하다. 다양한 생각이 공존하고 서로의 생각을 존중하는 교회는 느리고 모호하더라도 분명 더 나은 교회가 될 것이다. 이우교회는 그것이 가능한 일임을 조용하고 단단하게 증명해 왔다.

4

인천새소망교회

목사 중심 신앙에서 하나님 중심 신앙으로

"

목사들에 대한 실망과 회의는 아픈 일이었다.
하지만 상처만 남은 건 아니었다. 어찌 보면 피해 교인들도
인천새소망교회에서 십수 년간 신앙생활 하며
목사 중심 신앙으로 그루밍당했다고 볼 수 있다.
인천새소망교회 사태는 목사 중심적인 신앙을 벗어나는
충격요법이 된 것이다. 교회 분쟁은 목사에게
의존하지 않는 신앙을 만들어 냈다.

"

✝

세상을 떠들썩하게 했던 인천새소망교회 전 부목사 김다정 씨의 그루밍 성폭력 사건. 김 씨는 교회에서 여성 청년들을 미성년자 시절부터 길들여 성폭력을 일삼았다. 김 씨를 고소한 건 네 명이지만, 교인들이 알아본바 피해자는 스무 명도 넘을 것으로 추측된다. 그는 결국 2022년 4월 징역 5년을 확정받고 수감 중이다. 이 과정에서 교단의 유력자였던 그의 아버지 김영남 목사는 사건을 은폐하기 위해 수단과 방법을 가리지 않았다.

이 사건은 한국교회의 성폭력 대응 중 최악의 사례로 기록될 것이다. 김영남 목사 부자가 속한 대한예수교장로회 합동(예장합동) 서인천노회는 별다른 조사도 없이 김다정 씨의 사직서를 수리했고, 김 목사가 징계를 피하도록 교단 탈퇴를 도왔다. 이후 끼어든 경기중부노회는 외려 피해 교인들을 도운 이들을 공격하기 시작했다. 최광염 목사를 위시한 경기중부노회는 예장합동 총회에 피해자를 도운 단체들과 사건을 기사화한 언론들을 조사해 달라고 청원하는 한편, 피해 교인들의 대표자 박성철 목사를 고소했다. 예장합동은 2023년 9월 총회에서, 단체·언론에 대해 "교단 신학과 입장 차가 크다"며 주시해야 한다고 결의했고, 박성철 목사를 면직한 재판국 판결을 그대로 받아들였다.

교단이 가해자들과 협조하는 사이 인천새소망교회는 엉망이 됐다. 교인들은 일찌감치 김영남 목사를 반대하는 사람들과 옹호하는 사람들로 나뉘었다. 성폭력 피해자들과 연대하며 사건의 정의로운 해결을 원했던 교인들은 교회에서 제명·출교를 당해 쫓겨났다. 법원 결정으로 제명·출교는 무효가 되기는 했지만, 김영남 목사를 지지하는 교인들은 문제를 제기하는 교인들에게 '이단', '교회 파괴자'라며 예배당 문도 열어 주지 않았다. 이들은 2년 반 동안 인천새소망교회 예배당 앞에서 '야외 예배'를 드렸다. 성폭력 사건이 교회 분쟁으로 이어지면서 새로운 피해자들을 양산한 것이다.

2021년 11월 30일, 피해 교인들이 신청한 김영남 목사의 담임목사 직무 정지 가처분이 받아들여졌다. 법원은 소송에서 피해 교인들의 대표로 이름을 올린 박성철 목사를 임시당회장으로 지정했다. 법원 판단에 따라, 인천새소망교회는 박성철 목사가 주재하는 공동의회를 통해 상황을 해결해 나가야 했다. 그러나 김영남 목사를 지지하는 교인들은 예배당 문을 걸어 잠그고 박 목사와 피해 교인들을 막았다. 예배당 1층에 있는 작은 카페 공간만 열어 놓을 뿐이었다. 카페에서 예배당 안쪽으로 들어가는 문 또한 모조리 막아 놨다. 교인 20여 명은 지금까지도 이 카페 공간에서 따로 예배하고 있다.

소송은 계속 진행 중이다. 현재 김영남 목사의 직무 정지 가처분은 풀린 상태지만, 그는 법원이 인정한 대표자 박성철 목사를 예배당에 들어오지 못하게 한 혐의로 기소돼 재판을 받고 있다. 김영남 목사 직무가 정지됐을 때 들어온 최광염 목사 또한 같은 혐의로 검찰 조사를 받고 있다. 더디지만 사회 법적으로는 계속해서 피해 교인들의 권리가 인정되는 추세다. 문제는 교단이다. 노회와 총회가 바로잡아야 빨리 수습이 될 텐데, 지금까지 교단이 개입하면 할수록 인천새소망교회 사건은 점점 더 꼬여 버렸다.

사건이 드러난 후 5년 반 동안(인터뷰 당시) 투쟁하고 있는 인천새소망교회 피해 교인들을 만나 이야기를 들어 보았다. 지금까지 남아 있는 20여 명은 대부분 장로·권사·안수집사 등 중직자다. 인천새소망교회를 떠나 따로 교회를 만든 것은 아니지만, 김영남 목사에게 쫓겨난 후버터 온 시간 동안 이들은 새로운 공동체로 변화했다. 평범하게 신앙생활 하던 이들은 산전수전 다 겪은 투사가 됐다. '투사가 됐다'는 말은 성격이 괄괄해졌다는 뜻이 아니다. 분노하고 실망하자면 한없이 그럴 수 있는 상황이지만, 이들은 현실을 넘어서는 믿음으로 인천새소망교회를 바로 세우기 위한 길을 묵묵히 걷고 있었다.

창립 32주년 감사 예배 날 교회는 물리적으로 찢어졌다.
김영남 목사를 반대하는 교인들은 이날부터 야외에서 예배를 드려야 했다.

1

－다정 목사님, 아니 다정아. 너 정말 어쩌려고 그래. 이건 그냥 넘어갈 수 있는 일이 아니야.

2018년 3월 어느 날, 이경숙 집사(51)와 남편 김태형 장로(51)는 예배당 뒤편 주차장에 세워 둔 차로 김다정을 불렀다. 사건에 대해 당사자에게 직접 이야기를 들어 보기 위해서였다. 둘은 얼마 전 정혜민·고은식 목사 부부에게 연락을 받았다. 두 목사는 그루밍 성폭력 피해자가 직접 도움을 요청한 이들이었다. 그들이 피해자에게 "교회에 아는 장로가 있느냐"고 물었는데, 피해자가 김태형 장로를 언급한 것이다. 김태형 장로와 이경숙 집사는 두 목사에게 김다정의 범죄 행각을 듣게 됐다. 가해자와 피해자들, 김영남 목사 외 인천새소망교회 교인 중에는 처음으로 사건을 알게 된 것이다.

이경숙 집사는 2003년 김태형 장로와 결혼하면서 인천새소망교회(당시 인천소망교회)에 다니게 됐다. 김 장로는 그전부터 다니고 있었기에 둘의 결혼식 주례를 김영남 목사가 해 줬다. 처음 교회에 갔을 때 김다정은 만 20세 청년이었다. 이경숙 집사 부부는 김다정을 포함해 김영남 목사의 세 자녀와도 친하게 지냈다. 김다정과 형 김 아무개는 모두 신학대학교에 다녔고, 20대 초반부터 인천새소망교회에서 전도사로 사역을 시작했다. 이경숙 집사는 15년간 교회에서 김다정이 부교역자로 사역하는 모습을 봐 왔다. 딱히 이상한 점은 느끼지 못했다. 청년들이 김다정을 지나치게 따르는 것 같은 모습이 눈에 띄기도 했지만, 그저 '사역을 잘하는 것이겠거니' 생각했다.

수화기 너머로 들리는 이야기는 믿기 싫은 것이었다. 그러나 피해자들의 증언과 김다정의 육성이 담긴 녹음 파일, 김다정이 자신의 행동을 인정하고 서명한 각서 등 증거는 명백했다. 각서에는 김다정이 △성 상담 치료를 받겠다 △목사직을 내려놓겠다 △교회 사역뿐 아니라 찬양 사역 등 모든 사역을 내려놓겠다 △재학 중인 총신대 석사 과정(Th.M)을 포기하겠다 △자매들에게 이후로 일체 개별 접근이나 연락을 취하지 않겠다는 내용이 담겨 있었다.

김다정 목사, 아니 갓 스무 살 때부터 봐 온 다정이가 목사라는 지위를 이용해 교회 여성 청년들에게 성폭력을 저질러 왔다. 이경숙 집사는 등골이 오싹해지는 것을 느꼈다. 이걸 어떻게 해야 한단 말인가……. 피해자는 도움을 요청하고 있었다. 김영남 목사도 이 상황을 알고 있는데, 각서 내용이 이행되지 않고 있었기 때문이다. 이경숙 집사와 김태형 장로는 일단 김다정과 직접 이야기해 보기로 했다. 아직 밖이 추웠던 그날, 부부는 김다정을 조용히

차 뒷좌석에 태웠다.

─ 제가 알아봤는데요. 저는 결혼하지도 않았고 간통죄도 폐지돼서 괜찮아요. 제가 1000명의 여자와 자도 저는 죄가 없어요.

김다정의 입에서 나오는 말은 이경숙 집사의 말문을 막히게 했다.

'얘가 지금 제정신인가……?'

이경숙 집사는 정신을 부여잡고 다시 물었다.

─ ……근데 다정아, 내가 보기에는 이거 반드시 짚고 넘어가야 되거든. 정말 우리 어떻게 해야 되니?

─ 집사님, 나한테 해결 방법이 있어요.

─ 뭔데?

─ 내가 자살하면 돼요.

대화를 이어 갈수록 김다정의 입에선 기가 막힌 이야기가 나왔다. 자신의 행동을 부인하지 않으면서도 피해자를 '꽃뱀'으로 몰았다. 이경숙 집사는 정신이 아찔했다. 만약 그가 "집사님, 어떡해요. 나 좀 살려 주세요"라고 했다면, 그때 이경숙 집사는 아마도 "그래, 내가 도와줄 수 있는 방법을 한번 찾아볼게"라고 대답했을 것이다. 오랫동안 봐 온 김다정이기에 불쌍하다는 마음이 먼저 들었을 것이다. 하지만 김다정은 정반대 반응을 보였다. 당당하고도 뻔뻔하게 "자살하면 된다"고 말하는 그 순간은 정말 가면 속에 있는 악마의 얼굴을 보는 것 같았다. 지금도 그때를 회상하면 가슴이 푹 꺼진다.

"얘가 어쩌다가 이렇게 됐을까, 어쩌다 이렇게 사악해졌을까,

이런 생각밖에 안 들었어요. 지금 생각해도 어휴…… 정말 어쩌면 좋니 얘를…….”

사건을 알기는 했지만 해결하기는 어려웠다. 이경숙 집사 부부는 김영남 목사와 만나, 아들의 죄를 인정하고 책임을 지게 하라고 말했다. 김 목사는 아들을 감싸기 바빴다. 외려 외부 세력이 아들을 빌미로 교단의 유력자인 자신을 공격하는 것이라고 했다. 목사가 버티니 교인으로서 더 할 수 있는 게 없었다. 정식으로 문제를 제기하려면 당회에 사건을 알려야 했는데, 그렇게 하면 피해자의 신상이 드러난다는 게 마음에 걸렸다. 피해자는 “나는 목숨 걸었다. 각서 공개해도 된다”고 말했지만, 이경숙 집사는 차마 그렇게까지 할 수는 없었다. 그제야 교회에서 성폭력이 발생했을 때 피해 여성을 보호할 아무런 장치가 없다는 사실을 깨달았다.

해결이 시급한 일인데 고민만 계속됐다. 섣불리 다른 교인들에게 말할 수도 없었다. 이경숙 집사가 이러지도 저러지도 못하고 애태우는 동안에도 김영남 목사는 아무 일 없었다는 듯 설교하며 교회를 이끌었다. 그 모습을 보고 있는 것도 고역이었다. 이경숙 집사는 결국 인천새소망교회를 떠나기로 선택했다. 누구에게도 알리지 못한 채 조용히 교회를 떠났다. 피해자는 이경숙 집사 부부가 김영남 편에 섰다고 생각했다. 김영남 목사는 이경숙·김태형 부부가 이단에 빠졌으니 연락도 하지 말라며 교인들을 단속했다.

✝

안은수 집사(가명·56)는 이경숙 집사와 김태형 장로가 이단에
빠졌다는 말을 믿지 않았다. 교회에서 함께 수년간 열심히 활동했
던 그들이 소리 소문 없이 떠난 데에는 다른 이유가 있을 거라 생
각했다. 김 장로에게 전화를 걸어 이유를 물었지만, 그는 "알면 신
앙적으로 많이 다친다"고 말할 뿐이었다.

'무슨 일이 있긴 있구나.'

안 집사는 확신이 들어 혼자 여기저기 수소문하며 퍼즐을 맞
춰 가고 있었다. 그 사이 피해자는 언론을 통한 공론화를 택했다.
〈뉴스앤조이〉는 2018년 5월 28일 사건을 최초 보도했고, 6월 19
일 인천새소망교회와 김영남 목사의 실명을 공개했다. 교인들은
패닉에 빠졌다.

사건의 실체를 어느 정도 파악하고 있던 안은수 집사는 발 빠
르게 움직였다. 집사·장로들을 모아 사건을 어떻게 해결해야 할지
논의했다. 김영남 목사와의 자리도 만들었다. 김영남 목사는 강경
했다. 아들에게 죄가 없다는 식으로 나왔다. 법적으로 해결하겠다
고 했다. 안은수 집사는 김영남 목사의 대응에 문제가 있다고 느
꼈다.

－목사님, 저는 그 각서 내용을 이행하는 건 당연하다고 봅니
다. 그렇게 해야 하는 게 맞아요. 목사님은 아들에게 죄가 없다고
하시는데, 그러면 안식년을 가서서 법적으로 대응한 다음 돌아오
세요. 저는 이 사건으로 교회에 분란이 일어나면 안 된다는 생각

입니다.

안은수 집사의 말에 김영남 목사는 삿대질을 하며 반발했다. 자신을 끌어내리려는 음해 세력에 동조하는 것이라고 소리를 질렀다. 현장에 있던 중직자들은 대부분 안 집사의 말이 타당하다고 생각했다. 하지만 다음 날인 일요일부터 김영남 목사를 지지하는 교인들에게는 '안은수 집사가 목사님께 그만두라고 했다'는 식으로 이야기가 와전됐다. 안 집사는 당시 교회 청년들이 찾아와서 외려 자신에게 문제를 제기했던 일을 기억하고 있다.

– 집사님이 뭔데 목사님께 '관두라 마라'예요!

그때까지도 사건의 전말을 제대로 알고 있는 교인은 드물었다. 그래서 김다정의 문제를 김영남 목사에게까지 연결하지는 못했다. 아들의 일탈로 아버지도 굉장히 혼란스럽고 힘들 거라고 생각하는 교인이 많았다. 김영남 목사를 측은하게 여기는 마음이 있었던 것이다. 송재영 집사(54)가 그랬다. 단순히 김다정이 사고 친 것으로 이해했다. 이 사건에 김영남 목사가 관여했다고는 생각하지 못했다. 어느 날 주일예배를 마치고 집으로 돌아오는 길에 당시 고등학생이던 송재영 집사의 아들이 대뜸 물었다. 그때 송 집사는 이렇게 답했다.

– 그래서 아빠는 교회 계속 다닐 거야? 그렇게 더러운 데를 계속 다닐 거냐고.

– 야, 너도 아직 스무 살도 안 됐는데 아빠 말 안 듣잖아. 집에서만 아빠 통제받지, 밖에 나가면 네 맘대로 살 거 아니야. 담임목사님도 똑같은 거야. 아들이 그랬으니 어느 정도 책임은 있겠지

만, 담임목사님도 힘드실 거야.

그러나 실상 김영남 목사는 아들의 범죄를 은폐하기 위해 아주 적극적으로 움직였다. 피해자들을 회유하려 수단과 방법을 가리지 않았다. 피해자들에게 "김다정과 성관계를 한 적이 없다고 말해야 너희에게도 좋고 교회에도 좋은 것"이라며 거짓 진술을 강요했다. 피해자 중 한 명은 〈뉴스앤조이〉 첫 기사가 나간 후 기자에게 연락해 "모두 사실이 아니다. 내가 죽어야 기사 내리겠느냐"며 강하게 항의했는데, 이 또한 김영남 목사가 옆에서 손수 멘트까지 적어 준 것이었다. 또 다른 피해자에게는 사건을 자세히 알고 있는 이경숙 집사와 김태형 장로를 고소하라고 부추겼다.

이런 행태가 더욱 악랄한 이유는 피해자들이 김영남 목사를 아버지로 생각하고 있었기 때문이다. 김다정을 고소한 피해자 네 명 중 세 명은 아버지가 없는 한 부모 가정이었다. 김영남 목사는 이들에게 자신을 '아빠'라 부르라고 했다고 한다. 이러한 사정을 알고 있던 교인들은, 그래도 딸처럼 생각했던 아이들이니 김영남 목사가 무엇이라도 그들을 위한 일을 할 것이라고 믿었다. 하지만 김영남 목사는 위기 상황에서 철저하게 친아들만 감쌌고, 피해자들에게는 상상 못 할 2차 피해를 입혔다.

시간이 지나며 김다정의 범죄 사실과 김영남 목사의 잔인한 2차 가해가 서서히 교인들에게도 알려졌다. 김영남 목사는 중직자들과 이야기할 때는 책임을 지겠다고 해 놓고, 돌아서면 말이 바뀌었다. 처음엔 김영남 목사를 측은하게 생각했던 교인들도 점점 돌아서기 시작했다. 대부분이 장로·권사·안수집사 등 중직자였다. 그러나 한편으로는 이 상황을 모두 알면서도 김영남 목사를 옹호하는 교인들이 있었다. 맹목적이라고밖에 표현할 수 없는 목사에 대한 믿음이었다. 그렇게 인천새소망교회는 갈가리 찢어지고 있었다.

2

　－이런 모든 일은 사회적으로는 어떻게 할 수가 있으나, 우리 믿는 사람들은 이래서는 안 됩니다. 저도 하고 싶었지만…… 목사 님은 주의종입니다! (아멘!) 하나님의 사자입니다! (아멘!) 왕 같 은 제사장입니다! (아멘!) 선지자입니다! (아멘!) 그래서 나는 못 했습니다. 나는 이것이 너무 두려워서…….

　사직하겠다는 말을 수차례 번복해 온 김영남 목사에게 교인 들이 문제를 제기하자, 한 장로가 나와서 울분을 토하며 말했다. 2018년 11월 18일 일요일, 인천새소망교회에서는 김 목사와 교인 들의 간담회가 진행됐다. 이날은 평소 교회에 잘 출석하지 않았던 김영남 목사의 친인척이 다수 참석했다. 김영남 목사를 옹호하는 장로가 발언하자, 김 목사의 가족과 그를 지지하는 일부 교인은 '아멘'으로 힘을 실었다. 한편으로 이들은 간담회가 진행되는 두 어 시간 동안 김 목사가 물러나야 한다고 주장하는 교인들에게 날 카롭게 쏘아붙였다.

조계문 장로(59)는 그날 일을 또렷이 기억하고 있다. 중직자 대부분은 더 이상 김영남 목사를 믿지 못했고, 그가 사직해야 한다는 입장이었다. 그런 내용을 담은 성명서를 수석장로가 나가서 발표했는데, 갑자기 한 장로가 나와서 '목사는 주의종이고 왕 같은 제사장이니까 문제를 제기하면 안 된다'고 이야기한 것이다. 그 장로는 이후로 몇 년간 김영남 목사 편에 서서 피해 교인들을 힘들게 했다. 하지만 얼마 전, 그가 인천새소망교회를 떠나 다른 교회로 갔다는 소식을 들었다. '교회를 이렇게 만들어 놓고…….' 조계문 장로는 허탈한 마음을 감추지 못했다.

"그렇게 김영남 목사 측 중심에서 일하던 사람이 몇몇 있었어요. 근데 지금은 다 나가 버렸어요. 교회는 이렇게 됐는데…… 지금 와서는 돌이킬 수가 없지 않습니까."

조계문 장로는 2017년 6월부터 러시아에 출장을 가 있는 상태였다. 모스크바 동쪽 카잔이라는 도시에서 3년간 일했다. 러시아에서 김다정의 성폭력 소식을 들은 조 장로는 황망했다. 그 역시 김다정을 오래 봐 왔지만 그런 범죄를 저지를 것이라고는 생각하지 못했다. 뭔가 더 알아보고 싶어도 러시아에 있으니 한계가 컸다. 수시로 김영남 목사와 통화했고, 사태 수습을 위해 편도 18~20시간이 걸리는 거리를 한 달에도 몇 번씩 왔다 갔다 했다. 당시 그는 김영남 목사에게 "조건 없이 모든 것을 내려놓고 잠깐 뒤에 계시면, 장로들이 퇴로를 마련하겠다"고 당부했다. 김 목사는 알았다고, 고맙다고 했다가도, 다음 날이면 말을 바꿨다.

평소 김영남 목사의 신뢰를 받던 장로로서 그의 반대편에 선다는 건 쉽지 않은 일이었다. 그가 돌아선 것은 김영남 목사의 처신 때문이기도 했지만, 무엇보다 피해 청년들이 눈에 밟혔기 때문이었다. 조계문 장로는 러시아 출장 전까지 인천새소망교회에서 수년간 성가대 지휘와 교회학교 봉사를 했다. 피해자들이 청소년이었던 시기에 가르쳤고 그들이 청년이 됐을 때 성가대에서 만나 함께 사역했다. 고마운 아이들이었다. 그런 아이들을 장로로서, 교회 어른으로서 지켜 주지 못했다는 생각에 자괴감이 들었다. 그들을 어떻게 위로해야 할지 지금도 모른다. 사건 이후로도 얼마간 아이들 생일날이면 문자메시지라도 보냈는데, 지금은 그것마저 부담될까 봐 연락도 하지 못하고 있다.

인천새소망교회 교인들은 대부분 평생을 보수적인 환경에서 신앙생활 해 온 사람들이었다. 목사에게 대적하는 일은 상상도 해 보지 않았다. 그럼에도 김영남 목사 반대편에 설 수 있었던 것은 피해자들에 대한 안타까운 마음이 깔려 있기 때문이었다. 안은수 집사도 송재영 집사도 피해자들을 어린 시절부터 봐 왔다. '내가 그래도 교회 어른인데'라는 생각이 있었다. 어쨌든 어른들 잘못으로 이렇게까지 됐다는 것에 대한 책임감이 있었다.

하지만 김영남 목사 반대편에 선다는 것은 싸움을 각오해야 하는 일이었다. 어제까지 '집사님', '장로님', '권사님' 했던 사람들이 두 눈에 쌍심지를 켜고 덤벼들었다. 교회 분쟁은 친하게 지냈던 교인들이 담임목사에 대한 입장 차로 남보다도 못한 사이가 되는 것이었다. 간담회 때 "우리 교회가 웃으면서, 평안하게, 나도 박수받고, 서로 악수하고 떠나고 싶다. 그런 마음이지 분쟁하고 다

투고 싸우는 거 나는 싫다. 나는 모질게 (버티는) 그런 사람 못 된다"고 말했던 김영남 목사는, 교회가 자신 때문에 극심하게 갈라지는 꼴을 보면서도 끝까지 버텼다.

그 시절 송재영 집사는 김영남 목사를 옹호하는 교인들을 설득해 보려고 일부러 자리를 만들기도 했다. 송 집사 입장에서는 어떻게 그 모든 일을 다 알면서도 김영남 편을 들 수 있는지 이해가 가지 않았다. 친하게 지냈던 한 권사를 만났다.

－나도 유튜브 같은 거 봐서 다 알아요. 근데 목사님 죄를 묻는 걸 왜 집사님이 해요, 하나님이 하시는 거지.

그래, 나이 많은 권사님이니까 그렇게 생각할 수 있다 치자. 이번에는 청년들을 만났다. 청년들 중 그래도 바르게 생각할 여지가 있을 것 같은 사람들만 연락해서 만났는데, 그들의 입에서 나오는 논리는 새삼 충격이었다.

－담임목사님은 김다정 목사님 아버지잖아요. 아들이 살인죄를 저질러도 아버지니까 막아 줄 수 있는 거 아니에요? 일반 기업에서도 아버지가 대표이사면 아들이 잘못했을 때 어느 정도 커버쳐 주잖아요.

－……얘들아, 일반 기업에서도 대표이사 아들이 저 정도 짓거리를 했으면 물러나는 게 상식이야.

－집사님, 여긴 교회잖아요.

같이 신앙생활 하고 있었지만 같은 신앙은 아니었다. 송재영 집사는 인천새소망교회에서 너무 목사 중심적으로 신앙생활을 해 왔다는 사실을 깨달았다. '목사에게는 무조건 순종해야 하고,

목사를 적대하면 천벌 받는다.' 이 말을 곧이곧대로 믿는 사람은 없겠지만, 실제로 목사에게 문제가 있다는 사실을 인지하고 자신의 입장을 정할 때가 되자 많은 교인이 이 말을 무시하지 못했다. 그들에게 목사는 주의종이자 하나님의 사자, 왕 같은 제사장, 선지자였기에. 그렇게 목사에게 영혼을 저당 잡힌 교인들과의 갈등의 골은 점점 더 깊어졌다.

†

　간담회에서 '좋게 물러나고 싶다'고 말했던 김영남 목사는 바로 다음 주인 2018년 11월 25일 공동의회를 열고 교단을 탈퇴해버렸다. 이 공동의회는 절차적으로 하자가 있었다. 예장합동 교단 법상 공동의회는 최소 7일 전 공지해야 하는데, 김영남 목사는 이틀 전 공지했다. 더 큰 문제는 사안을 바로잡아야 할 노회였다. 인천새소망교회와 김영남 목사가 속한 서인천노회 임원들은 불법을 바로잡기는커녕 이 공동의회에 참석해, 김영남 목사가 불법을 저지르는 걸 보고만 있었다.

　직무 유기를 넘어선 적극적 협조였다. 서인천노회는 원래 다음 날인 11월 26일 임시회를 열어, 김다정과 김영남 목사의 징계를 논의할 계획이었다. 하지만 정작 임시회가 열리자, 김다정은 이미 사직서를 제출했으니 수리하고, 인천새소망교회와 김영남 목사는 전날 교단을 탈퇴했다며 명부에서 제하는 결정만 내렸다. 김 목사 부자가 교단 징계를 받지 않도록 적극적으로 길을 열어 준 것이다. 이날 서인천노회 임시회는 경기도 부천시에 있는 한 갈빗집에서 열렸는데, 인천새소망교회가 경비를 지원했다는 사실도 드러났다.

목사들의 짬짜미였다. 목사라는 지위를 이용해 여성 청년 다수에게 성폭력을 저지른 가해자를 징계하지 않고 '사직' 처리하고, 아들의 범죄를 감추기 위해 피해자들에게 심각한 2차 피해를 입히고 계속되는 거짓말로 교인들을 갈라지게 한 목사에게는 살길을 만들어 준 것이다. 교인들은 이것이 입만 열면 '정통', '장자'라고 자부하는, 한국에서 가장 큰 교단에서 일어난 일이라고 믿을 수 없었다. 모태신앙으로 평생 교회를 섬기며 살아온 송재영 집사도 '목사'라는 사람들에 대한 근본적인 회의감을 느꼈다.

"그 양반들만 없었으면 몇 번이라도 해결됐을 거예요. 근데 뭐 될 것 같으면 와서 딴 짓거리하고, 또 될 것 같으면 엎어 버리고 하니까……. 이 양반들은 진짜 목사가 아니고 교회를 무슨 사업체 정도로 생각하는 사람들이다, 이런 생각이 되게 많이 들더라고요. 그래서 목사에 대한 생각도 많이 바뀌었죠. 어렸을 때부터 머릿속에 있던 그런 개념의 목사님은 없어진 것 같아요."

송재영 집사의 말처럼, 인천새소망교회 사건이 복잡하게 꼬여 버린 것은 이 교단 탈퇴가 발단이다. 김영남 목사 측은 이후 대한예수교장로회 합동장신이라는 군소 교단에 가입했고, 이후에는 다시 예장합동 경기중부노회로 들어가려 했다. 예장합동 총회 임원회는 김영남 목사는 받아 주지 않고 인천새소망교회만 받아 주겠다며, 경기중부노회가 개입할 수 있는 길을 내줬다. 경기중부노회 최광염 목사는 자신이 노회에서 파송된 정식 당회장이라고 주장했다. 그러나 피해 교인들은 애초에 교단 탈퇴가 불법적으로 진행됐기에, 인천새소망교회는 여전히 예장합동 서인천노회 소속이라고 주장한다.

2019년 4월 7일, 이날은 인천새소망교회 설립 32주년 기념 예배가 있었다. 기뻐하고 감사해야 할 날은 아이러니하게도 갈등이 절정으로 치닫는 날이 되고 말았다. 김영남 목사를 반대하는 교인들은 더 이상 그가 주재하는 예배를 드릴 수 없다며 따로 예배를 드리겠다고 선언했다. 그러나 김영남 목사와 그를 지지하는 교인들은 분리 예배를 용인할 수 없으며 강행할 시 제명·출교가 불가피하다고 으름장을 놨다. 이들이 예배당 내 공간을 내주지 않자, 반대 교인들은 교회 건물 앞에서 따로 예배를 드렸다. '인천새소망교회 바로 세움을 위한 예배'. 예배 후에는 피켓을 들고 김영남 목사와 그를 감싸는 교인들을 규탄했다.

매주 이런 상황이 반복됐다. 그러자 김영남 목사는 3주 뒤 4월 28일, 자신을 반대하는 교인들을 제명·출교했다. 교인들을 상대로 법원에 '예배 방해 금지 가처분'도 신청했다. 피해 교인들의 시위로 예배가 방해받고 있으니, 이들을 예배당 반경 100m 이내로 접근 금지시켜 달라는 내용이었다. 성폭력 사건을 정의롭게 해결하고 교회를 바로 세워 보고자 했던 교인들은 말 그대로 교회에서 쫓겨나고 말았다. 이들은 어쩔 수 없이 소송에 대응해야 했다. 지난한 법적 다툼의 시작이었다.

피해 교인들은 매주 예배당 밖에서 '회개하라'고 외쳤고, 김영남 목사는 자신을 옹호하는 교인들을 방패 삼아 예배당에서 두 문불출했다. 이런 상태가 2년 반 동안 지속될 줄은 아무도 몰랐다.

†

　인천시 부평구 십정동에 있는 인천새소망교회 건물 앞쪽으로는 잔디밭 광장이 있다. 십정체육공원 북쪽 그리 크지 않은 땅에 잔디밭과 정자, 주차장 등이 마련돼 있다. 교회에서 쫓겨난 교인들은 매주 일요일 이곳을 병풍 삼아 야외에서 예배를 드렸다. 기도-찬송-말씀 읽기-기도로 진행되는 짧은 예배가 끝나면, 김영남 목사의 회개를 촉구하는 시위를 벌였다. 처절하다면 한없이 처절한 상황이었지만 그 시간들이 마냥 우울하지만은 않았다. 시간의 변화에 따라 옷을 갈아입는 광장을 보며 예배를 드리는 것은 또 다른 경험이었다.

　"자연환경이 변하는 걸 눈으로 보면서 예배를 드렸잖아요. 봄에는 꽃이 피고 여름에는 울창하더니 가을에는 단풍이 우거지고……. 우리끼리 '야 너무 좋다', '교회 안에서만 예배드리는 게 좋은 게 아니었어' 했다니까요. 물론 교회 안에서는 막 손가락질했죠, '저것들 정신 나갔다'고. 그런데 우리는 진짜 하나님이 우리를 보호하신다는 걸 몸소 체험했어요. 비가 그렇게 쏟아지다가도 우리가 예배드리려고 하면 싹 그치고, 햇빛이 그렇게 쨍쨍해도 예배드릴 때 되면 구름 기둥 보내 주시고. 하나님이 시시때때로 역사하시는 걸 체험하는 시간이었어요. 그래서 나름 즐거웠어요."

이경숙 집사는 성폭력 사건 해결의 한계를 느끼고 인천새소망교회를 떠났지만 결국 8개월 만에 다시 돌아왔다. 교회를 떠나 있던 8개월 동안에도 그냥 있었던 건 아니었다. 처음엔 다른 교회도 가 보고 사건을 잊어 보려 했다. 그러나 당시 이경숙 집사가 살던 집이 인천새소망교회 예배당 바로 뒤에 있었기에, 이 사건에 관심을 떼 버릴 수가 없었다. 무엇보다 피해자가 도움을 요청했는데 아무것도 하지 못한 것에 대한 부채감이 있었다. 이경숙 집사는 교회를 떠나 있는 동안에도 인천새소망교회 전·현 교인들과 연락하며 김다정의 피해자가 상상 이상으로 많다는 사실을 파악했다.

─ 집사님이 제일 먼저 알았으니까 책임을 져야지.

조계문 장로의 말에 이경숙 집사는 교회로 돌아가기로 결심했다. 돌아간다는 건 싸우러 간다는 말이었다. 그때는 김영남 목사와 그를 옹호하는 교인들이 불법 공동의회를 통해 교단을 탈퇴했고, 교인들은 둘로 나뉘어 갈등이 격해지는 시기였다. 이경숙 집사가 복귀하고 얼마 지나지 않아 피해 교인들은 교회에서 쫓겨나고 소송까지 당했다. 직업 특성상 경찰을 많이 상대해 본 이경숙 집사는 그때부터 소송 업무를 도맡았다. 피해 교인들은 김영남 목사가 걸어 온 '예배 방해 금지 가처분'에 대응하는 한편, 역으로 예배당에 들어갈 수 있도록 '예배당 출입 방해 금지 가처분'을 신청했다.

피해 교인들은 이 두 가지 소송에서 모두 이겼다. 김영남 목사가 건 예배 방해 금지 가처분은 2019년 8월 기각됐고, 교인들이

건 예배당 출입 방해 금지 가처분은 이듬해 1월 인용됐다. 피해 교인들은 법원 결정에 따라 교회 건물 1층에 있는 카페에서 예배를 드릴 수 있게 됐다. 그러나 김영남 목사 측은 또 꼼수를 부렸다. 원래 카페 공간이 아니라 청년부실로 쓰던 1층 안쪽 공간이 카페라고 억지를 부린 것이다. 원래 카페 공간을 쓰면 피해 교인들이 정문 쪽으로 다니게 되기에, 안쪽 공간을 내어 주고 예배당 뒤쪽 쪽문으로 다니게 하려는 의도였다. 교인들은 이를 거부했다. 법원 집행관이 와서 원래 카페 공간에 집행문을 붙이고 갔는데도 김영남 목사 측은 끝내 카페 공간을 내주지 않았다. 피해 교인들은 야외에서 예배를 계속했다.

지나고 돌아보면 나름 즐거웠던 기억이라도 결코 쉬운 일은 아니었다. 중간중간 코로나19로 아예 모이지 못할 때도 있었지만 그래도 모일 수 있을 때는 몇 명이라도 예배당 앞에 모였다. 비가 오나 눈이 오나 악착같이 모였다. 물론 지쳐서 떠난 사람들도 있었다. 안은수 집사는 중간에 경기도 용인으로 이사를 가게 됐다. 다른 교회를 찾을까 싶었지만 사건이 해결될 때까지는 인천새소망교회에 남자고 다짐했다. 매주 용인에서 인천을 오갔다. 사건만 해결되면 조용히 떠날 생각이었다. 하지만 소송은 더디게 진행됐고 김영남 목사와 측근들도 요지부동이었다. 그는 이 악물고 버텼다.

"지금 계신 분들이 신앙생활을 대충 하시는 분들이 아니에요. 다들 몇십 년간 신앙생활 했고 교회에서도 중직자였어요. 다들 흔들리지 않는 믿음이 있으니까 그렇게까지 할 수 있었던 거 같아요. 물론 여지껏 우리가 쌓아 왔던 신앙을 갉아먹는 시기였다는 생각도 들어요. 좌절도 많이 했죠. 솔직히 '이제 그만할까' 얘기한 적도 있어요. 근데 그러기엔 또 억울한 거예요. 교회에서 이렇게 큰일이 터졌는데 우리마저 없으면 그냥 모두가 방관한 게 돼버리는 거잖아요. '우리가 뭔가 발자취를 남기자' 이런 생각도 있었어요."

그렇게 2년 반이 지났다. 끝까지 남아 있던 교인 20여 명은 더욱 똘똘 뭉치게 됐다. 어쩌면 교회에서 쫓겨나 밖에서 예배를 드리는 시간이 이들의 영적 성장을 가져왔다고 해도 과언이 아니다. 기도와 찬양, 말씀 읽기가 전부였지만, 그것이 예배당 안에서 편하게 김영남 목사의 설교를 듣고 있는 것보다는 나았다. 교인들은 건물이 있어야만 교회가 아니라는 것, 목사가 있어야만 예배가 아니라는 것을 몸으로 깨우쳤다. "두세 사람이 내 이름으로 모인 곳에는 나도 그들 중에 있느니라"(마 18:20)라는 말씀은 진실이었다. 함께하는 사람들의 소중함도 어느 때보다 절절하게 다가왔다. 조계문 장로는 눈물도 많이 흘렸지만 공동체가 있었기에 그 시간들을 지나올 수 있었다고 말했다.

"공동체가 없었다면, 합심해서 기도하고 나아가는 우리 지체들이 없었다면 견딜 수 없었겠죠. 예배드릴 환경이 안 되니 갈등도 있었고 고민도 많았지만, 그래도 매주 빠지지 않고 나와 기도하는 사람들 덕분에 버틸 수 있었던 것 같아요. 우리는 별거 없었어요. 기도하고 찬송하고 말씀 읽고 기도하고 끝나는 거, 그게 우리의 예배였어요. 그렇지만 그 속에서도 하나님의 임재를 느끼고 하나님이 우리와 함께하신다는 것을 경험했죠."

3

  박성철 목사(52)는 독일에서 '정치신학'으로 철학 박사 학위
를 받고 2015년 귀국했다. 2006년 독일로 떠났으니 꼭 10년째 되
는 해였다. 귀국 후 여기저기서 강의를 요청해 왔다. 1~2년은 여
러 대학에서 강의를 뛰느라 정신이 없었다. 이후 그의 강의를 눈
여겨본 여러 단체에서 연락이 왔다. 그의 전문성은 한국교회에 꼭
필요한 것이었다.

  당시 한국교회에는 반동성애 광풍이 불고 있었고 소위 반동
성애 강사들은 '네오마르크스주의'라는 이데올로기가 교회와 세
상을 집어삼키려 한다는 음모론을 설파했다. 또 박근혜 전 대통령
탄핵 국면에서 생긴 '태극기 부대'에 전광훈 목사를 위시한 극우·
보수 개신교가 중심 세력이 돼 있었다. 독일 본대학교 철학부에서
정치와 신학의 관계를 연구한 박성철 목사가 보기에 이런 현상은
헛웃음이 날 정도로 어이가 없는 일이었다. 그간 해 온 공부와 한
국교회 상황을 연결 지어 분석·비판하는 글과 강의를 이어 갔다.

박성철 목사는 한국교회 내 파시즘적 현상과 종교 중독을 연구해 '기독교 파시즘과 종교 중독'이라는 주제로 2020년 5월부터 8월까지 〈뉴스앤조이〉에 글을 연재하기도 했다. 그는 그해 6월 25일 '교인을 학대하는 교회 지도자들'이라는 글에서 인천새소망교회를 언급했다. 종교 중독에 빠진 사교 집단에서는 종교적 권위에 의한 추종자 학대가 일상적으로 발생하는데, 최근에는 사이비뿐 아니라 일반적인 교회에서도 이런 현상이 발생하고 있다는 것이다. 영적 학대를 받는 사람들은 피해자이기도 하지만 가해자가 되기도 한다는 그의 진단은 정확했다.

영적 학대는 그 학대 피해자를 동시에 가해자로 만들기도 한다. (중략) 특히 외부 개입으로 종교 지도자(혹은 집단) 권위가 손상을 입을 때 개입 주체를 향해 '과도한 폭력성(excessive violence)' 혹은 '폭력적 공격성(violent aggression)'을 표출한다. 안타깝게도 재정 착취나 노동 착취, 성 착취 등 추종자 학대가 발생한 교회의 경우, 추종자들이 내부 고발자나 비판적 언론(혹은 다른 그리스도인)을 향해 폭력성을 표출하기도 한다.

2021년 7월 9일, 김다정은 1심에서 징역 7년을 선고받고 법정 구속됐다. 며칠 지나지 않아 박성철 목사는 인천새소망교회 한 권사에게 전화를 받았다. 김다정을 고소한 성폭력 피해자 중 한 명의 어머니였다. 그 권사는 김다정의 그루밍 성폭력 사건부터 김영남 목사의 2차 가해와 거짓말, 교회 분열과 피해 교인들의 제명·

출교, 그로 인한 야외 예배 등 지금까지 어떤 일이 있었는지 죽 이야기를 늘어 놓았다. 박 목사는 그와 오랜 시간 통화하며 이야기를 다 들어 주었다.

　- 목사님, 저희가 예장합동 소속 몇몇 목사님한테 연락을 다 드려 봤어요. 그런데 아무도 저희를 도와주지 않으시더라고요. 저희 좀 도와주세요.

예배당에 들어가지 못하는 동안 김영남 목사가 교회 재산을 함부로 사용하고 있다는 소문을 들은 피해 교인들은, 김 목사의 담임목사 직무를 정지하는 소송을 준비하고 있었다. 소송에서 교인들의 대표자로 같은 교단 소속 목사가 이름을 올리면 좋겠다는 변호사의 조언에 따라 대표자가 되어 줄 목사를 찾고 있었다. 그러나 교인들이 접촉한 예장합동 목사들은 모두 거절했다.

'뻔하지 뭐……'

박성철 목사는 씁쓸함을 느꼈다. 그 또한 예장합동 소속이지만, 이 교단에서 어느 누가 성폭력 사건으로 갈라진 교회에, 그것도 피해자 측에 서려고 할까.

이미 여러 번 거절당한 사람들에게 그 자리에서 "못 하겠다"고 말할 수는 없었다. 그렇다고 선뜻 돕겠다고 대답하지도 못했다. '감당할 수 있는 일인가' 고민하지 않았다면 거짓말이다. 김영남 목사는 교단의 요직을 두루 역임한 유력자였다. 여기에 끼어들면 어떤 형태로든 교단에서 압력이 들어올 것이라는 직감이 왔다. 하지만 한편으로는 목회가 아닌 강의로 돈을 버는 자신이 해야 그 압박을 견딜 수 있겠다는 생각도 들었다. 그간 교회 개혁을 이야기해 왔고, 이 사건이 예장합동에서 일어났다는 부채 의식도 있었다. 이후 소송 업무를 감당하고 있는 이경숙 집사에게 전화가 왔을 때 그는 말했다.

— 제 이름 올리셔도 됩니다.

— 목사님, 정말 고맙습니다.

'고맙습니다'라는 말에 박성철 목사의 얼굴은 확 붉어졌다. 대체 얼마나 목사들에게 거절을 당했으면 이름 하나 올리는 데에도 이렇게 고마워할까. 목사라는 자들은 피해를 당한 교인들에게 대체 무슨 짓을 하고 있는 건가……. 그는 자신이 목사라는 게 부끄러웠다. 무엇이라도 이들에게 도움이 되어야겠다고 다짐했다.

이후로 근 4개월간 아무런 연락이 없었다. 그러다 그해 11월 마지막 날 갑자기 교인들에게 연락이 왔다. 법원이 교인들의 신청을 받아들여 김영남 목사의 담임목사 직무가 정지된 것이다. 동시에 법원은 김영남 목사 대신 박성철 목사를 인천새소망교회 대표자로 지명하고, 박 목사를 대표자로 한 공동의회를 열라고 결정했다. 드디어 엉킨 실타래를 풀 수 있는 희망이 생긴 것이었다.

— 문 열어 주세요! 제가 법원이 인정한 적법한 임시당회장입니다! 이렇게 출입을 막는 건 불법입니다!

예배당 안에서는 아무런 미동도 느껴지지 않았다. 안에 사람이 있는 것인지조차 알 수 없을 만큼 조용했다. 피해 교인들은 잠긴 문을 흔들며 문을 열어 달라고 외쳤다. 예배당 2층 본당에서는 간혹 작게 찬양 소리 같은 게 들렸다. 김영남 목사를 옹호하는 교인들이 저들끼리 예배를 하는 소리였다. 피해 교인들은 5~10분 문을 열어 달라고 하다가 혀를 차며 돌아섰다. 인천새소망교회 정문에는 '외부인 및 기자 출입 금지', '이단 및 이단성을 띠는 신도의 출입을 금합니다'라는 안내 문구가 몇 개씩 붙어 있었다.

2021년 11월 30일 법원 결정 이후 인천새소망교회의 적법한 임시당회장은 박성철 목사였다. 그러나 김영남 목사를 지지하는 교인들은 피해 교인들에게 교회 건물 1층 카페 공간 외에는 내주지 않았다. 법원 결정 직후, 시간을 나눠 본당을 사용하자고 합의했을 때만 해도 사태 해결의 실마리를 찾을 수 있을 것 같았다. 김영남 목사 지지 교인들은 하루 만에 말을 바꿨다. 2주 뒤인 12월 15일에는 카페에 성명서를 붙여 놓았는데, 거기에는 "너희는 김영남 목사가 당회장이었을 때도 김영남 목사의 지시나 의사를 따른 적이 없듯이, 우리 또한 박성철 목사의 지시를 따를 필요가 없다. 따라서 우리는 노회가 파송한 임시당회장 최광염 목사의 지시를 받을 것이다"라고 쓰여 있었다.

법원 결정도 무시하는 김영남 목사 측 교인들을 보면서 피해 교인들은 또다시 분노와 안타까움을 느꼈다. 이경숙 집사는 교회가 목사 중심 왕국이 돼 버리면 법원 판단도 무시해 버리는 반사회적인 집단이 된다는 사실을 다시 한번 깨달았다. 송재영 집사는 이런 큰일이 벌어지지 않았다면 자신 또한 저렇게 중독적으로 신앙생활을 했을 것이라는 생각에 복잡한 마음이 들었다. 박성철 목사에게는 그동안 연구해 온 주제가 눈앞에 나타난 느낌이었다. 오랫동안 목사 중심적인 신앙생활을 해 온 교인들은 분명 영적 학대의 피해자였지만, 그렇지 않은 교인들을 핍박하는 가해자이기도 했다.

그래도 한 가지 성과가 있다면 이제 야외 생활이 끝났다는 점이었다. 게다가 이번엔 박성철 목사와 함께였다. 교인들은 2021년 12월 첫주부터 박성철 목사와 1층 카페 공간에서 예배를 드렸다. 박성철 목사의 설교는 종교 중독과 기독교 파시즘 현상을 직접 목도하고 있는 교인들에게 안성맞춤이었다. 박 목사는 그간 교인들이 경험하지 못했던 목사였다. 송재영 집사는 분쟁 전 10년 이상 인천새소망교회에 다니면서, 김영남 목사나 간혹 부흥회 때 오는 목사들에게 들은 설교를 두 가지로 기억한다. 하나는 '목사에게 순종하면 복 받는다', 또 하나는 '헌금하면 복 받는다'. 박성철 목사는 "성경 어디에 그런 말이 나오느냐"며 성경 텍스트를 상황과 맥락에 맞춰 다시 해석해 주었다.

"우리가 도와 달라고 할 때 도와준 목사가 한 명도 없었어요. 여기가 비단길 깔리는 곳이 아니니까요. 박성철 목사님은 그걸 알면서도 희생하는 마음으로 오신 거잖아요. 너무 감사하죠. 저뿐 아니라 다른 사람들도 하는 말이, '그동안 핍박받은 거에 대해 하나님이 선물로 주신 목사님인 것 같다'는 거예요. 박 목사님은 지금까지 제가 겪어 왔던 유형의 목사가 아니더라고요."

피해 교인들은 목사를 신뢰할 수 없는 상태였다. 목사가 성폭력을 저질렀고, 목사가 거짓말을 하고 교인들을 갈라지게 했으며,

목사들이 교회 사태를 더욱 풀기 어렵게 만들었고, 목사들이 도움 요청을 거절했다. 이경숙 집사는 소송 업무를 감당하면서 여러 목사에게 연락해 도움을 요청했지만, 박성철 목사를 만나기 전까지 단 한 명도 도와주지 않았다. 오히려 목사들은 목사에게 소송을 거는 교인들을 나무라거나 그냥 교회를 떠나라고 했다. 비겁했다. 한 목사는 이경숙 집사에게 이렇게 말했다.

─ 집사님이 그렇게 한다고 한국교회가 절대 변하지 않아요. 집사님만 상처 받고 소송도 다 질 겁니다.

─ 아니, 목사님. 목사님 딸이 이런 일을 당했으면 그 목사를 그냥 두시겠어요?

─ ……그냥 다른 교회 가서 신앙생활 하는 게 집사님을 위한 최선의 길입니다.

그렇기에 교인들이 처음부터 박성철 목사에게 마음을 열었던 것은 아니었다. 그러나 박성철 목사는 그간 해 왔던 개혁적인 말들과 행동이 다르지 않았고, 무엇보다 교인들의 이야기를 들어 주고 판단하지 않았다. 그는 이렇게 상처 입은 교인들을 어떻게 목회할 수 있는지 '몰랐다'. 모른다는 것을 인정하니 그저 교인들의 이야기를 듣는 수밖에 없었다.

듣고 듣고 또 들었다.

교인들과 함께한 2년간 그가 가장 많이 한 것은 듣는 일이었다. 일요일이면 오전에 예배를 드리고 인근 카페로 우르르 몰려갔다. 거기서 몇 시간이고 교인들의 이야기를 다 들어 줬다. "어이구, 시간이 너무 늦었네요. 이제 집에 가야겠어요. 목사님도 피곤하시죠?"라는 말이 나오면 끝나는 것이었다.

"법원 결정이 나자마자 그 주 토요일부터 교인분들을 만났어요. 얘기를 듣는데 이분들 마음이 정말 찢겨 있더라고요. 얼굴도 너무 안 좋았어요. 소송에서 이겼는데도 전혀 기쁜 것 같지 않더라고요. 그때부터 이분들 이야기를 최대한 들어 드리려고 했어요. 뭘 가르치려고 하지 않았죠. 거기다 대고 뭐 신학적·목회적으로 어쩌고 한다는 게 저 스스로도 너무 같잖아 보였거든요. 한편으로는 이분들의 안타까움을 목사들이 너무 안 들어 줬다는 생각이 들더라고요. 이분들은 '자신들이 믿었던 목사에게 공감을 받고 싶었구나'라는 생각이 들었어요."

목사들에 대한 실망과 회의는 아픈 일이었다. 하지만 상처만 남은 건 아니었다. 어찌 보면 피해 교인들도 인천새소망교회에서 십수 년간 신앙생활 하며 목사 중심 신앙으로 그루밍당했다고 볼 수 있다. 인천새소망교회 사태는 목사 중심적인 신앙을 벗어나는 충격요법이 된 것이다. 교회 분쟁은 목사에게 의존하지 않는 신앙을 만들어 냈다. 박성철 목사를 통해 교인들을 그루밍하지 않고 곁에 서서 신앙생활을 돕는 진짜 목회자가 있다는 것도 알 수 있었다. 교인들의 어두웠던 낯빛은 조금씩 밝아져 갔다.

✝

2023년 2월 19일 일요일 아침, 인천새소망교회 앞에 웬 시커먼 옷을 입은 덩치 큰 남성들이 등장했다. '용역'이었다. 검은 정장을 입은 용역 약 20명이 서 있는 모습은 위압감을 느끼기에 충분했다. 용역들은 카페 앞에서 피해 교인들의 신원을 확인하려 했다. 김영남 목사의 직무 정지 후 인천새소망교회에 개입한 예장합동 경기중부노회 최광염 목사가 벌인 일이었다. 그는 갑자기, 몇 년 전 피해 교인들이 신청한 '예배당 출입 방해 금지 가처분' 소송에 참여한 사람들만 카페에 출입할 수 있다는 논리를 펴며 용역들을 불러 신원을 확인하려고 했다.

　－이게 지금 뭐하는 짓이에요?

　1년 여간 별다른 충돌 없이 지냈는데 갑작스레 벌어진 일에 교인들은 황당했다. 피해 교인들과 예배를 드리는 사람들 중에는 소송에 참여하지 않은 사람도 있었다. 교인들을 찢어 놓으려는 의도가 보였다. 목사라는 사람이 교회 앞에 용역을 불러 교인들을 찢어 놓고 예배를 드리지 못하게 하려 한 것이다. 아무리 입장이 다르다고는 하나 목사가 예배를 드리지 못하게 하다니……. 하지만 이제 이 정도에 주눅 들 교인들이 아니었다. 피해 교인들은 박성철 목사와 함께 예배당 앞에서 다시 야외 예배를 드렸다. 그 후로도 용역들은 3주나 더 왔다.

　피해 교인들은 지금도 인천새소망교회 1층 카페에서 예배를 드리고 있다. 성폭력 사건이 알려진 후 6년이 지났고, 김다정은 결국 2022년 4월 대법원에서 징역 5년을 확정받아 수감 생활을 하고 있지만, 교회 분쟁 해결은 요원하다. 사회 법적으로는 조금씩 피해 교인들의 뜻대로 되고 있다. 그러나 사법적인 해결은 시간과 비용이 많이 드는 일이다. 그 긴 시간 동안 상처 입는 건 교인들이다. 소송에서 이겨도 기분이 좋지만은 않은 이유다.

애초에 인천새소망교회 사건은 이렇게까지 갈 일이 아니었다. 처음부터 가해자와 피해자가 명백했고, 따라서 예장합동 총회와 노회가 가해자를 치리하고 피해자를 보호했다면 지금처럼 교회가 풍비박산 나고 지난한 법적 절차를 거칠 필요도 없었을 것이다. 그러나 교단은 지금도 계속해서 빌런(악당)처럼 행동하고 있다. 그 중심에는 최광염 목사가 있다.

최광염 목사는 박성철 목사를 노회에 고소하는 한편, 자신이 속한 경기중부노회를 통해 피해 교인들을 도운 단체와 인천새소망교회 사건을 보도한 언론이 '반기독교적' 단체인지 조사해 달라고 총회에 헌의했다. 그루밍 성폭력 피해자를 도운 정혜민 목사가 대표로 있는 성교육상담센터 숨, 그의 남편 고은식 목사가 대표였던 브리지임팩트, 박성철 목사가 하고 있는 하나세정치신학연구소, 피해 교인들과 연대한 교회개혁실천연대와 교회개혁평신도연합, 사건을 보도한 〈뉴스앤조이〉와 〈평화나무〉 등이 대상이었다. 한 겹만 까 봐도 이 단체들이 인천새소망교회 사건과 관련 있다는 사실을 알 수 있고, 이에 따라 최광염 목사의 보복성·압박성 고소와 헌의라는 것을 알 수 있는데도 예장합동 총회는 아무런 고민 없이 안건을 수임했다.

결국 2023년 9월 열린 108회 총회에서, 예장합동은 위 단체들이 "우리 교단의 신학적 입장과는 큰 차이를 보인다"며 세심한 주의가 필요하다는 신학부 보고를 그대로 통과시켰다. 또 박성철 목사를 제명·출교한다는 재판국 판결도 그대로 받았다. 이런 결의를 할 때 총회 현장에서는 아무런 논의가 없었다. 총대들은 그저 관행적으로 "허락이오"를 외쳤을 뿐이다. 박성철 목사는 자신이 총회에서 재판을 받고 있는지조차 모르고 있었다. 게다가 재판국은 제명·출교의 근거로 든 헌법 조항도 틀리게 적는 등 문제가 한두 가지가 아니었다. 박성철 목사는 총회 결의에 법적 대응을 택했다. 어떻게든 교단에 붙어 있고 싶어서가 아니다.

"우리 교단의 총회 재판이라는 게, 내용은 아무리 엉터리였어도 형식상으로는 법을 지키려고 했어요. 그런데 이번에는 그 형식도 무시한 거죠. 제가 이번에 법적으로 조치해서 바로잡아 놓지 않으면, 이제는 교단 재판이라는 게 형식이고 뭐고 몇몇 정치 목사 맘에 안 드는 사람을 쫓아내는 도구가 될 거예요. 그렇게 놔둘 수는 없잖아요. 선례를 남겨야 한다고 생각해요."

교인들은 잘못이 없지만 미안한 마음이 드는 건 어쩔 수 없다. 자기 전문성을 살려 잘 사역하고 있던 목사가 괜히 인천새소망교회와 엮여서 온갖 수모를 겪고 면직까지 당했다는 사실이 안쓰러운 것이다. 교인들은 소송을 통해 징계는 철회될 것이라 확신한다. 사실 박성철 목사가 예장합동 소속인지 아닌지는 교인들에게 중요하지 않다. 그는 자신들의 억울함을 들어 주고, 목사가 아니라 하나님을 바라볼 수 있게 해 줬으며, '세상에는 비겁한 목사만 있는 게 아니다'라는 걸 보여 준 사람이다. 이런 사람을 교단이 품을 수 없다면, 그것은 교단 잘못이지 박성철 목사 잘못이 아니다. 교인들과 박성철 목사는 어떻게든 서로 계속 도울 수 있는 방법을 찾고 있다.

✝

예배당 1층 카페에 모인 피해 교인들은 뜨겁게 찬양하고 뜨겁게 기도했다. 반주라곤 조계문 장로의 어쿠스틱 기타와 김태형 장로의 베이스 기타가 전부였지만, 열정은 여느 부흥회(?) 부럽지 않았다. 5년 반이 넘도록 교회와 교단에서 볼 꼴, 못 볼 꼴 다 본 교인들이라면 신앙이 좀 차가워지지 않았을까. 하지만 열댓 명의 찬양 소리는 꽤나 우렁차서 예배당 바깥까지 울렸다. '주여!'를 외치며 기도하는 것도 그랬다. 교인들의 신앙은 냉소와 회의를 넘어선 듯했다.

2023년 10월 15일 주일, 이날은 갑자기 김영남 목사를 옹호하는 교인들에게서 연락이 왔다. 오후 3시경 교회에서 만나 이야기를 해 보자는 것이었다. 피해 교인들은 마다하지 않았다. 조금씩 이야기를 해 나가다 보면 사태 해결의 실마리를 찾을 수 있을지도 모른다고 생각하는 교인도 있었다. 조계문·김태형 장로, 이경숙·안은수 집사와 김영남 목사 측 교인 4명이 인천새소망교회 식당에서 만났다. 김영남 목사 측 교인은 한 명 빼고 모두 김 목사의 친인척이었다.

– 요구 사항이 뭐예요?

– 요구 사항이 아니라, 우리는 피해자가 피해자임을 인정하고 피해자가 회복될 수 있도록, 그리고 교회가 회복될 수 있도록 같이 노력하자는 겁니다.

– 아니, 옛날이야기는 그만하시고 지금 원하는 걸 말씀하시

교단이 상황을 더욱 어렵게 만들었지만 교인들은 좌절하지만은 않았다.
뜨겁게 예배한 후 간단하게 점심을 먹으며 담소를 나눴다.

라고요.

대화는 진척되지 않았다.

피해 교인들이 원하는 것은 한결같았다. 먼저는 피해자의 회복이다. 그러려면 김영남 목사가 아들의 범죄와 그 범죄를 은폐하려 했던 본인의 잘못을 인정하고 사과하고 책임을 져야 한다. 다음으로는 교회 분쟁 해결이다. 그러려면 사건을 정의롭게 해결하려 했던 교인들에게 '이단'이라든지 '외부 세력과 결탁해 교회를 무너뜨리는 자들'이라는 낙인을 찍은 것에 대한 사과도 필요할 것이다. 엇나간 것들을 처음부터 바로잡아야 진정한 회복이 가능할 수 있다.

"우리가 지금 따로 예배한 지가 4년 반이 지났어요(인터뷰 당시). 그냥 교회 알아서 하라고 하고 저희가 나갈 수도 있어요. 근데 그러기에는 우리 상처가 너무 큰 거예요. 저는 우리에 대한 오해가 좀 풀렸으면 좋겠어요. 김영남 목사 측은 그간 우리를 이단 세력, 교회를 망하게 하는 세력으로 간주했거든요. 최소한 우리는 그런 사람들이 아니라는 거, 교회를 바로 세우기 원했을 뿐이지 교회 재산을 탐내고 예배당을 나눠 갖고 그런 걸 원하는 사람들이 아니라는 게 좀 명백하게 인정됐으면 좋겠어요."(조계문 장로)

"김영남 목사는 우리가 자기를 죽이려고 했다는데, 우리는 처음부터 그에게 '바른 길을 가라'고 했던 거예요. '목사님이 바른 길을 가겠다면 우리가 도와주겠다'는 거였고요. 그런데 교인들이 김영남 목사 말만 믿고 있으니 결국 법원 결정도 무시하는 집단이 돼 버렸잖아요. 이거야말로 '반기독교'가 아니면 뭔가요. 단지 목사에게 반대하면 '반기독교'이고 '이단'이 되는 건가요? 제도권 안에 있다고 다 그리스도인이 되는 게 아니었어요. 저도 이걸 교회에서 쫓겨난 다음 깨달았어요."(이경숙 집사)

오랜만에, 어렵게 만났는데 얼굴만 붉히고 돌아섰다. 그만큼 지금 인천새소망교회 사태 해결은 쉽지 않다. 목사들의 카르텔은 강고하고, 교인들의 종교 중독도 심각하다. 상황은 답답하지만 피해 교인들은 낙담하지 않는다. 슬럼프에 빠지기보다는 지금 이 상황도 신앙의 여정이라고 생각한다. 오히려 하나님이 이 엉켜 버린 실타래를 어떻게 풀어 가실지 기대하는 마음도 있다. 그들 스스로 이 투쟁은 하나님이 원하시는 것이며, 서로 함께한다면 어떻게든 해결해 나갈 수 있다는 믿음이 있기 때문이다. 이들의 믿음은 현실을 넘어섰다.

"하나님이 용기를 주신 건지, 그간 크게 시련이라는 생각은 안 들었어요. '이까짓 것 뭐 우리가 함께라면 헤쳐 나갈 수 있지'라는 마음이에요."(송재영 집사)

"저는 농담 삼아 다른 사람들한테 그래요. '내가 하나님 믿으면서 여기까지 왔는데, 억울해서라도 난 여기서 하나님 포기 못한다'고.(웃음)"(안은수 집사)

피해자들과 자녀들을 위해서도 인천새소망교회를 바로 세우는 일을 포기할 수는 없다. 피해자들과 비슷한 또래이거나 조금 더 어린 교인들의 자녀들은 대부분 교회를 떠났다. 신앙을 버린 사람들도 있다. 목사들에게 이런 일을 겪고 교회에 남아 있다면 그게 더 신기한 일일 것이다. 그들에게 '지금까지와는 다른 참 신앙의 길이 있다'고 말해 주려면, 어른들이 끝까지 책임지는 모습을 보여 주는 수밖에 없다. 언젠가 교회가 회복되면, 자녀 세대의 신앙도 회복될 수 있는 길이 열릴 것이라 기대한다. 그것이 피해 교인들이 진정 바라는 인천새소망교회를 바로 세우는 길이다.

5

새기쁨교회

목사 제국 허물고 다시 세운 공동체

"

교인들은 정말 '교회다운 교회'를 만드는 것이
하나님의 뜻이라 믿는다. 목사를 비롯한 특정한 누군가에게
권력이 쏠리지 않는 평등한 교회, 느리더라도 모두가
만들어 가는 민주적인 교회, 성장보다는 하나님과의
올바른 관계를 추구하는 교회, 그래서 교회를 떠나
교회가 되기로 한 많은 그리스도인에게 희망이 되는 교회.

"

✝

ㅇ교회 교인들에게 천 아무개 담임목사는 '인생을 바꿔 줄 유일한 사람'이었다. 상담 센터를 겸했던 천 목사는 행복·치유 상담으로 사람들을 끌어모았다. 주로 부부 관계나 자녀와의 관계에서 어려움을 겪거나 인생에서 만나는 여러 문제에 해답을 얻고 싶은 사람들이 몰려들었다. 교회에는 실제로 천 목사의 가르침대로 살았더니 문제가 해결된 사람들이 있었다. ㅇ교회 강단에서는 매주 이런 교인들이 간증을 했다. 아직 문제가 해결되지 않은 교인들은 이런 모습을 보며 더욱 천 목사에게 매달렸다.

그러나 천 목사의 가르침은 문제가 많았다. 기혼 여성들에게는 직장을 그만두고 남편을 극진히 보필하며 자녀를 잘 키우는 것이 최선이라고 가르쳤다. 기혼 남성들에게는 '월급쟁이'는 큰돈을 벌 수가 없다면서 사업을 해서 돈을 많이 벌라고 했다. 교인들의 이야기를 종합해 보면, 천 목사는 성경과 심리학을 섞어 '더 잘되는 법', '더 잘사는 법'을 주로 가르쳤다. ㅇ교회에는 성경책을 들고 다니는 사람이 별로 없었다. 천 목사의 가르침이 곧 진리처럼 받아들여졌다. 어찌 보면 교회라 기보다 자기 계발을 위한 연수원 같은 느낌이었다.

o교회 안에서 천 목사의 권위는 하늘을 찔렀다. 그 때문에 비상식적인 일들이 벌어져도 교인들은 오히려 더 천 목사의 눈에 들려고 노력했다. 매달 헌금을 100만 원 이상 하는 '100만 원 클럽', 십의 오조를 하는 '쯔다카 클럽' 등이 만들어졌다. 천 목사는 온갖 음모론 신봉자였다. "지구는 평평하다", "남북전쟁이 임박했으니 피난 준비를 해야 한다", "트럼프가 곧 바이든을 몰아내고 전 세계 절대 왕좌를 차지할 것이다", "오바마는 이미 화성에 도시를 구축하고 순간 이동을 통해 화성에 다니고 있다"는 등 말도 안 되는 이야기를 늘어놨다.

그러던 2023년 2월, 천 목사의 성폭력과 재정 문제가 동시에 터졌다. o교회 조직 구조상 천 목사와 가장 가까운 간사 그룹에서 두 명이 강제 추행과 유사 성행위를 당했다는 사실이 드러났다. 평소 "사례비로 300만 원만 받고 이마저도 다 나눈다"고 했던 천 목사는 2022년 한 해에만 6억 원이 넘는 돈을 교회에서 수령해 갔다. 이외에도 확인된 것만 5억 원 상당의 골드바와 6억 원 상당의 은 유가증권도 보유하고 있었다. o교회는 출석 교인 300~400명으로 그리 큰 교회도 아니었다. 교인들은 경악했다. 천 목사의 이미지는 '항상 내 인생의 문제를 해결해 주기 위해 애쓰는 은인'이었다. 뒤에서 이런 짓을 벌이고 있을 줄은 상상하지 못했다. 눈에서 비늘 같은 것이 벗겨지기 시작했다.

배신감은 천 목사에게서만 느낀 것이 아니다. o교회와 천 목사가 소속했던 대한예수교장로회 합동(예장합동) 평남노회 목사들은 그야말로 밑바닥을 보여 줬다. 목사들은 피해자에게 거짓 진술을 요구하며 천 목사와의 합의를 종용했고, 교인들을 배제한 채 ㅇ교회를 자신들의 입맛대로 좌우지하려 했다. 교단 목사들의 실체를 확인한 ㅇ교회가 교단을 탈퇴하려고 하자, 평남노회는 아무 근거도 없는 '교회 개척 자금'이라는 명목으로 교회에 3억 원을 요구하기도 했다.

불행 중 다행이라고 해야 할까. ㅇ교회 교인들은 '무사히' 천 목사와 결별하고 교단을 탈퇴했다. 300~400명에 달하던 교인은 100여 명으로 줄었지만, 이들은 교회 이름도 바꾸고 장소도 옮겨 교회를 이어가고 있다. 새로운 교회 이름은 '새기쁨교회'. 새기쁨교회는 보통의 분쟁 교회와는 양상이 조금 다르다. 엄밀히 말하면 교회를 떠난 것이 아니라 교회를 지킨 것이라 볼 수 있다. 그러나 전 교회와의 연속성보다는 불연속성이 더 크다. 표면적으로는 교회를 지킨 것이지만, 내면적으로는 이전의 교회를 떠나 새로운 공동체를 만들어 가는 것이라 해도 과언이 아니다.

분쟁으로 교회를 떠나 교회가 되는 일은 보통 수년이 걸린다. 그러나 새기쁨교회는 1년도 되지 않는 기간 동안 완전히 새로운 공동체가 됐다. 발 빠르게 새로운 공동체를 시작한 이들은 어느 시기보다 다이내믹했던 지난 1년을 어떻게 받아들이고 있을까. 오랜 시간 천 목사를 우러러보고 그에게 길들여진 이들은 지금 어떤 고민을 하고 있을까. 교회 사태가 벌어진 지 아직 1년이 채 되지 않은 2023년 11~12월, 새기쁨교회 교인들을 만나 이야기를 들어 보았다.

1

잠자리에 누워 있던 오광석 집사(42)는 별안간 울리는 아내의 휴대폰 벨소리에 신경이 거슬렸다. 다음 날 새벽부터 일을 나가야 했기에 일찍 잠들고 싶었는데 때아닌 벨소리에 잠이 달아난 것이다. 시계를 보니 밤 12시가 되어 가고 있었다.

'대체 이 시간에 누가…….'

전화를 건 사람은 천 목사였다. 휴대폰 너머로 말소리는 잘 들리지 않았지만 통화하는 아내의 얼굴이 점점 굳어졌다. 길지 않은 통화 후 아내는 급하게 나갈 채비를 했다.

－지금 교회에서 사모님이 난리를 치고 있다는데 목사님이 나더러 좀 와 달래. 근데 나 혼자 가기는 좀 무서워서. 당신이 같이 가 주면 좋을 거 같아.

－지금? 나 내일 일찍 출근해야 하는데…….

무리한 일정이었지만 두려워하는 아내를 혼자 보낼 수는 없었다. 오광석 집사는 아내와 함께 서둘러 교회로 갔다. 2023년 2월

22일 수요일. 그날 이후 오광석 집사는 마치 소용돌이에 빨려 들어가듯 자신의 의지와는 상관없이 교회 사태 전면에 서게 됐다.

오광석 집사와 아내는 2013년부터 ㅇ교회에 다니기 시작했다. 그는 장로회신학대학교 신학대학원을 졸업하고 전도사로 8년간 사역하며 목사 고시까지 패스한 사람이었다. 잠자코 1년만 있으면 목사 안수를 받을 수 있었다. 그러나 당시 그의 상황은 좋지 않았다. 신앙적으로도 권태가 찾아왔고 경제적으로 쪼들리다 보니 아내와의 관계도 나빠졌다. 이혼 위기였다. 이런 상황에서 목사가 된다는 것은 무언가 맞지 않는 옷을 억지로 입으려는 것 같았다.

먼저 다니던 장모님을 통해 아내가 ㅇ교회에 출석하게 됐다. 그때부터 아내의 태도가 조금씩 바뀌는 게 느껴졌다.

'그 교회엔 뭔가 있나 보다.'

지푸라기라도 잡는 심정으로 목회의 길을 중단하고 평신도로 ㅇ교회에 갔다. 천 목사의 강의를 듣고 그대로 실천하면서 실제로 부부 관계가 조금씩 회복되기 시작했다.

"그때 들었던 말들은 참 좋았어요. 천 목사가 고린도전서 13장을 가지고 사랑에 대해 설명해 줬는데, 사랑의 본질은 오래 참아 주는 것, 이해해 주는 것이라는 이야기가 너무 와닿았죠. 부부 관계가 회복된 게 여기 정착하게 된 가장 큰 이유였어요."

ㅇ교회 교인 중에는 오광석 집사 부부처럼 부부 관계의 회복을 경험한 사람이 많았다. 그렇게 한번 '기적'을 경험한 사람들은 ㅇ교회와 천 목사에게서 쉽게 벗어나지 못했다. 오광석 집사는 천

목사의 가르침대로 목회를 그만두고 사업을 시작했고, 그의 아내는 ○교회에서 간사 생활을 하게 됐다. 자녀들은 천 목사가 만든 대안 학교에 보냈다. 오광석 집사는 수년간 매달 헌금을 100만 원 이상 하는 '100만 원 클럽' 회원이었다. 온 가족이 10년간 ○교회에 헌신하자 천 목사도 이들을 신뢰했다.

그래서 그날 천 목사는 최측근 간사 중 한 명인 오광석 집사의 아내에게 전화한 것이다. 연락을 받고 도착한 교회는 아수라장이었다. 천 목사의 아내가 소리소리를 지르며 차마 입에 담지 못할 거친 말들로 천 목사를 비난하고 있었다. 늦은 밤이었지만 천 목사와 간사 십수 명이 사무실에 있었는데, 이들은 아무 말도 하지 못하고 천 목사의 아내를 말리지도 못한 채 난감해했다. 오광석 집사와 아내는 일단 천 목사의 아내를 진정시켰다. 천 목사의 아내는 그날 피해자의 가족에게 직접 이야기를 들었다고 했다. 그는 오광석 집사를 붙들어 잡고 믿기 힘든 이야기들을 쏟아 냈다.

천 목사의 성폭력이 교회에 알려지는 순간이었다.

오광석 집사는 천 목사의 아내가 무슨 말을 하는 것인지 이해하기 어려웠다. 감정적으로는 사실이 아니었으면 좋겠는데, 이성적으로는 사실이 아닐 가능성이 없겠다는 판단이 들었다. 사실 오광석 집사는 4~5년 전부터 천 목사가 점점 이상해지고 있다고 감지했지만, 그래도 설마 이런 성폭력이 터져 나올 줄은 상상하지 못했다. 괴로웠다. 다음 날부터 매일 교회에서 천 목사를 만나, 이 일을 어떻게 해결해야 할지 이야기했다.

당시 ○교회에서는 재정 감사도 진행되고 있었다. 천 목사는

2022년 말 교인들에게 "결산이 18억 원인데 한 해 동안 22억 원을 써서 돈이 모자란다. 헌금을 더 해야 한다"고 말했다. 대부분 교인은 '그런가 보다' 했지만 오광석 집사를 비롯한 몇몇 교인은 이해하기 어려웠다. 그리 크지 않은 교회에서 헌금 18억이 걷힌 것도 놀라운데, 대체 어디다 22억을 썼다는 건지 알 수 없었던 것이다. 그렇다고 천 목사를 의심한 것은 아니었다. 교회 재정이 잘 쓰이고 있다는 확신을 가지기 위해서라도 감사를 해야 한다고 천 목사를 설득했다.

오광석 집사가 천 목사의 성폭력을 알게 된 시기에 재정 감사팀의 이야기도 전해졌다. 일단 2022년 한 해 치만 감사했는데도 결과는 충격적이었다. 오광석 집사는 한꺼번에 몰아닥친 천 목사의 성폭력과 재정 비리를 감당하기 어려웠다. 모든 사실을 이야기하면 많은 교인이 시험에 빠질 것이라는 생각이 직감적으로 들었다. 그는 천 목사와 상의하며, 천 목사를 조용히 물러나게 하려 했다. 우여곡절 끝에 천 목사는 그 주 일요일, '성 추문'과 '재정 문제'로 사임한다는 간단한 입장을 냈다. 오광석 집사는 그 정도로 넘어가고 싶었다. 그것이 교회를 위한 일이라고 믿었다.

†

ㅇ교회는 예장합동 소속이었지만 보통의 장로교회와는 운영방식이 달랐다. 교회는 천 목사를 정점으로 하는 피라미드식 구조였다. '해피 힐링 파티'라는 새 신자 과정을 마치면 보조조장이 되

고, 보조조장 위로는 조장, 조장 위로는 과장이 되는 식이었다. 조장부터는 '리더'라고 불렸다. 나중에는 국장, 본부장이라는 직책도 생겼다. ㅇ교회 안에서의 '훈련'은 3개월 주기로 돌아갔는데, 천 목사는 항상 '성장'해야 한다며 동기 부여를 했다. 교인들은 천 목사가 짜 놓은 프로그램을 정신없이 돌았다. 그것이 나와 내 가족, 내 공동체가 행복해지는 일이라 믿었다.

간사들은 보통 교회의 부교역자 역할을 했다. 각종 프로그램을 준비·실행하고 교회의 행정을 도맡았으며 심방 등 교인들을 관리하기도 했다. 주로 20~30대 여성들이었고 대부분 천 목사의 권유로 간사가 된 사람들이었다. 천 목사는 교회의 제반 사역을 간사들과 의논해 결정했다. 장로를 몇 명 세우기는 했지만 당회 중심으로 교회가 돌아간 적은 없었다. 교인들은 천 목사가 교단법상 '위임목사'가 되려고 형식상 장로를 뽑았다고 생각하고 있었다.

– 목사님을 내쫓으려는 사람들이 있는 것 같아.

천 목사가 사임을 발표하기 며칠 전, 김하늘 집사(42)는 국장급 리더에게 누군가 천 목사를 쫓아내려 한다는 이야기를 들었다. 당시 조장이었던 김하늘 집사는 국장급 리더가 하는 말이라면 신빙성이 높다고 생각했다. 그러고 보니 그 주는 뭔가 이상했다. ㅇ교회는 한창 새벽 예배를 진행하는 중이었는데, 그런 적이 없었던 천 목사가 건강상 이유라며 빠지는 일이 잦았다. 천 목사도 설교하는 날에는 교회에 자신을 반대하는 세력이 있다는 식으로 말했다.

'우리 목사님을 누가…….'

그때 김하늘 집사는 천 목사를 위해 기도했다.

재정 감사가 시작되면서 '돈 문제가 있다'는 소문 정도는 들어 알고 있었다. 그러나 김하늘 집사는 돈 문제만큼은 할 말이 없다고 생각했다. 2년 전 간 이식 수술을 받을 때 교회에서 수술비를 지원해 줬기 때문이다. 그 또한 이혼 위기에 있다가 2020년 천 목사의 세미나를 듣고 그대로 실행하면서 남편과의 관계를 회복할 수 있었다. 김하늘 집사의 두 자녀도 ㅇ교회가 운영하는 대안 학교에 다녔다. 김하늘 집사와 그의 가정에 천 목사는 은인이었다. 천 목사와 ㅇ교회가 인생의 해답이라고 믿었다.

"잘 생각해 보면 천 목사 개인이 아니라 교회가 도와준 건데, 그때는 그렇게 생각하지 못했어요. 천 목사가 나를 위해, 우리 가정을 위해 해 준 것이라고 믿었죠. 당시에는 정말 '이분밖에 세상을 구할 사람이 없구나'라고까지 생각했어요. 다른 교인들도 그때는 다 그랬을 거예요."

결과적으로 천 목사는 성폭력과 재정 비리가 들통난 그 주 일요일 사임했다. 바깥에서 보면 자신의 잘못을 순순히 인정하고 떠난 것 같지만, 안에서 보면 전혀 아니었다. 천 목사는 사임 발표 전날 간사들을 모아 유사 성행위는 피해자들이 먼저 해 준다고 한 것이며 교회를 차지하려는 세력이 자신을 몰아내려 한다고 거짓말을 했다. 사임 발표 다음 날에도 간사들을 모아 재신임 투표를 할 것이니 분위기를 만들라는 식으로 이야기했다. 막강한 권력을 가지고 있던 천 목사가 이렇게 이야기하자 간사들은 물론 교인들도 헷갈려 했다. 그때까지만 해도 정확한 정보를 아는 사람은 몇

명 없었고, 그들 또한 오광석 집사처럼 교인들에게 모든 내용을 알려서는 안 된다고 판단해 입을 열지 않았기 때문이었다.

이영혜 간사(가명·37)도 처음에는 천 목사를 믿었다. 그는 ○교회에 대여섯 명밖에 없었던 본부장을 맡았을 정도로 천 목사의 최측근이었다. 동료 간사들이 천 목사와 유사 성행위를 했다는 사실은 그에게도 너무 큰 충격이었지만, 그 당시에는 천 목사가 정말 잘못한 것인지 헷갈리기도 했다. 천 목사는 최측근 간사들만 따로 모였을 때 종종 "나에게 구강성교를 해 줄 수 있느냐"고 물었기 때문이다. 천 목사는 이를 일종의 테스트라고 말했다. 평소 '신뢰'를 강조했던 천 목사는 이렇게 수위 높은 질문으로 그 신뢰를 시험하는 것이라 했다. 그래서 이영혜 간사를 비롯해 그 자리에 있던 사람 대부분은 "그렇다"고 답할 수밖에 없었다.

천 목사는 "내가 하는 모든 일은 너희들의 인생을 위한 것이다"라는 말을 자주 했다. 이영혜 간사도 그렇게 믿었다. 그 또한 천 목사의 가르침을 인생의 해답이라고 믿었고, 천 목사의 권유로 7년 전 잘 다니던 대기업을 떠나 ○교회 간사 생활을 시작했다. 천 목사가 가르쳤던 '천국 복음, 세계 비전'을 따라 ○교회를 부흥시키는 것을 일생의 사명으로 생각했다. 그런 천 목사가 며칠 사이에 교회를 떠나게 된 것이다. 사임 발표 후 일주일 정도는 천 목사가 불쌍하다고 생각했다.

'그래, 차라리 이렇게 사퇴하는 것처럼 하고 좀 쉬셨다가 돌아오시면 되겠지.'

천 목사가 ○교회 안에서 가지고 있던 절대 권력을 생각하면 정말 그렇게 될 수도 있었을 것이다. 천 목사가 사임을 발표한 2월 마지막 주 일요일부터 한두 주는 혼란한 시간이었다. 공식적으로 천 목사는 '성 추문'과 '재정 문제' 때문에 사임한 것인데, 정말 사임해야 할 정도로 큰 죄를 저질렀는지 교인 대부분은 알지 못했다. 벌써 천 목사 편에 서서, 천 목사의 사임은 그를 무너뜨리고 교회를 차지하려는 자들의 소행이라는 유언비어를 퍼뜨리는 교인들도 있었다.

그리고 혼란을 부추긴 사람들은 또 있었다. 바로 천 목사와 ○교회가 속했던 예장합동 평남노회 목사들이었다.

2

― 노회장님, 여기 ㅇ교회 임원들이 다 모여 있는 데서 저를 임시당회장으로 임명한다고 말씀해 주세요.

― 네, 우리 유장춘 시찰장 목사님을 임시당회장으로 제가 임명합니다.

― 네, 감사합니다. 박수 박수.

천 목사가 사임을 발표하기 하루 전, 자신을 ㅇ교회 임시당회장이라고 주장하는 목사가 갑자기 예배당에 등장했다. 유장춘 목사는 ㅇ교회 교인들이 있는 자리에서 대뜸 당시 평남노회장 현영일 목사에게 스피커폰으로 전화를 걸어 자신을 임시당회장으로 임명해 달라고 말했다.

'임시당회장을 이런 식으로 임명하나?'

교단 돌아가는 일은 잘 몰랐던 교인들은 그저 받아들일 수밖에 없었다. 노회의 높은 목사가 혼란을 겪고 있는 교회를 도와주겠다고 하니 감사할 일이었다.

유장춘 목사는 2월 26일 일요일부터 예배 사회와 설교를 맡았다. 이날 천 목사가 짧게 사임을 발표하고 부축을 받으며 나가자, 유장춘 목사는 비상대책위원회를 만들어 비대위를 중심으로 교회 사태를 풀어 나가겠다고 했다. 교인들은 유장춘 목사의 말에 따라 얼떨결에 비대위로 일할 사람들을 추천하게 됐다.

그때 오광석 집사는 무언가 '기획'이 들어갔다는 느낌을 받았다. 천 목사가 사임을 발표하기도 전에 노회에서 임시당회장을 파송하고 비대위를 만든다? 게다가 초반에 비대위로 추천된 교인들은 모두 천 목사 편에 선 사람들이었다. 마치 미리 준비된 것들이 실행되고 있는 느낌이었다. 오광석 집사는 재빨리 믿을 만한 교인들에게 자신을 추천해 달라고, 그들에게도 추천을 받으라고 이야기했다. 비대위는 추천받은 사람들을 대상으로 전 교인이 투표해 다득표순으로 결정됐다. 다행히도 그날 선출된 비대위원 7명 중 천 목사 측 인사는 1명밖에 없었다.

유장춘 목사는 ○교회 사태를 제대로 해결하려는 사람이 아니었다. 그는 그날 오광석 집사에게 '사실 확인서'를 내밀었다. 피해자들에게 사인을 받아 오라며, 사인을 받아 오지 못하면 천 목사의 사임서를 수리할 수 없다고 했다. 임시당회장이 왔다는 건 천 목사의 사임이 이미 수리됐다는 것 아닌가? 앞뒤가 안 맞는 말에 오광석 집사는 당황했다. 그리고 사실 확인서 내용을 확인하는 순간 오광석 집사는 유장춘 목사를 믿을 수 없게 됐다. 피해자에게 거짓 진술을 요구한 것이다.

본인 _____은(는) 천OO 목사와의 관계에서 등 마사지 이외에 일체 성적인 의미의 신체적 접촉을 하지 않았다는 사실을 확인합니다. 본 서류는 천OO 목사가 ㅇ교회 위임목사직을 사임한 이후에 그 효력이 발생합니다.

유장춘 목사의 만행은 이뿐만이 아니었다. 천 목사는 교회 돈으로 골드바와 은 유가증권을 사 들였다는 것을 들킨 후 그것들은 예배당 건축을 위한 것이었다며 교회에 반납했다. 유장춘 목사도 처음에는 금은이 교회 소유라는 사실을 확인했다. 그러나 이내 말을 바꿔, 교회를 전복하려는 세력이 있고 이들이 교회 재산을 함부로 사용하려 하기 때문에 교회 재산을 노회로 귀속하겠다는 논리를 폈다. 마침 천 목사도 금은은 자기 것이라며 돌려 달라는 내용증명을 보내왔다. 또 유장춘 목사는 은근히 천 목사를 동정하게 만드는 설교를 하고, 천 목사를 비롯해 천 목사의 최측근이자 자신의 조카인 간사 두 명에게 퇴직금을 지급해야 한다고 말하기도 했다.

유장춘 목사는 오래 가지 못했다. 교인들의 원성이 폭발한 것이다. 그는 임시당회장으로 온 지 3주째인 3월 12일을 끝으로 ㅇ교회에 모습을 드러내지 않았다. 이날 유장춘 목사는 용역 5명을 대동했고, 천 목사 편에 선 자신의 조카 두 명과 함께 사무실 컴퓨터와 교회 직인 등을 무단으로 가져갔다.

오광석 집사는 교회가 엉망이 되는 꼴을 보고 있었다. 사건을 알게 됐을 때 천 목사가 물러나는 것으로 끝내고 싶어 했던 그였다. 하지만 유장춘 목사가 교회를 더욱 어지럽게 하는 사이, 천 목사의 범죄는 축소되고 오히려 오광석 집사와 몇몇이 교회를 집어삼키려 한다는 음모론이 나돌기 시작했다. 도대체 진실이 무엇이냐는 교인들의 문의가 쇄도했다. 이날 오광석 집사는 비대위원장 자격으로 유장춘 목사와 끝장 토론이라도 하고 싶었다. 교회를 도와주는 척하면서 더욱 혼란스럽게 하는 저의가 무엇인지 묻고 싶었다. 하지만 유장춘 목사는 이에 응하지 않고 예배당을 빠져나갔다. 오광석 집사는 강단에 올라가 이 사태와 관련한 교인들의 질문에 모두 답했다. 더 이상 감추는 게 능사가 아니었다. 이후로 비대위는 진행되는 모든 과정을 교인들에게 투명하게 공개했다.

그날부터 교인들은 소문만 무성하던 천 목사의 성폭력과 재정 비리의 실상을 자세히 알게 됐다. '설마 우리 목사님이……'라며 갈팡질팡하던 교인들은 이날을 계기로 마음을 확실하게 정했다. 박가연 집사(가명·41)는 마치 "교통사고를 당한 것 같은" 기분이었다. 믿을 수 없는 이야기였지만 사실이 아니라면 지금 상황이 설명되지 않았다. 마침 그 당시 개봉한 넷플릭스 다큐멘터리 '나는 신이다'가 도움이 됐다.

'아…… 이런 일이 가능하겠구나.'

그제야 천 목사의 평소 언행들이 문제가 있었다는 사실을 조금씩 깨달을 수 있었다.

"천 목사가 계속 이런 이야기를 했어요. 예를 들면 '와이프가 남편의 성적인 부분을 잘 해결해 주지 않으면 사거리에 있는 삼겹살집 아줌마한테 바람이 난다'고. 기본적으로 이런 걸 다 깔아 놨어요. 그러니까 이런 사건이 터져도 처음에는 '아, 사모님이 잘 해결해 주지 않아서 목사님이 그랬나 보다' 이렇게 되는 거예요."

배신감, 회의감, 무력감. 교인들의 공통된 감정이었다. 이들은 수년간 천 목사가 만들어 놓은 프로그램을 돌며 눈코 뜰 새 없이 바쁘게 살아 왔다. 정채연 권사(가명·49)는 3년 만에 '과장'을 달며 빠르게 '성장'하고 있다는 칭찬을 받아 왔다. 받아들일 수밖에 없는 상황이 되어 받아들였지만, 그 또한 천 목사의 실추가 한동안 믿어지지 않았다. 천 목사의 말만 믿고 앞만 보며 달려 왔던 자신의 열심은 무엇이었는지, 자신뿐 아니라 모든 교인이 해 온 수고와 노력은 아무것도 아니었는지, 이것이 과연 '천국 복음, 세계 비전'을 위한 일이 맞았는지 심각한 회의가 찾아왔다.

청년 리더였던 장시원 씨(가명·40)도 크게 혼란스러웠다. 예배 사진 촬영을 담당했던 그는 수년간 매주 일요일 아침부터 밤까지 사진을 1000장씩 찍어 가며 교회에 헌신해 왔다. 천 목사의 가르침을 따라 돈을 많이 벌게 된 사람들을 보며 자신도 그렇게 되기를 꿈꿨고, 어느 정도는 실제로 이뤄지기도 했다. 천 목사가 틀렸다면 지금의 내 삶은 무엇인가. 인생의 해답을 찾은 것처럼 주변인들을 전도했는데 나는 무슨 짓을 한 것인가. 피해자들은 어떨까. 그들도 열심히 달려왔을 텐데. 우리 교회는 이제 어떻게 되는 것인가……. 여러 감정과 질문이 한꺼번에 올라오면서 머릿속을 복잡하게 했다.

7년 넘게 간사로 생활하며 천 목사의 최측근이었던 이영혜 간사가 받은 상처는 말로 다 표현할 수 없다. 지난 7년의 세월이 아무것도 아니게 되는 것 같았다. 그래서 더더욱 처음에는 천 목사의 범죄를 인정하면 안 될 것 같은 느낌이 들었던 것도 사실이다. 인정하는 순간 자신의 인생이 망가질 것 같았다. 한편으로는 천 목사의 최측근이었기 때문에 '부역자'가 되는 것도 같았다. 하지만 성폭력과 함께 재정 문제가 터지고, 계속 말을 바꾸는 천 목사의 모습을 보면서 더 이상 받아들이지 않을 수 없는 상황이 왔다. 지난 시간들에 대한 회의감과 무력감, 죄책감은 온전히 그의 몫이었다.

"그래도 지금 생각해 보면 하나님이 그때 터트려 주셔서 감사하다는 생각이 들어요. 더 갔으면 ㅇ교회는 진짜 제국이 됐을 거예요. 천 목사의 제국이."

✝

유장춘 목사는 물러났지만 교인들은 평남노회의 그늘을 벗어나지 못했다. 유 목사 다음으로는 새롭게 노회장이 된 진병헌 목사가 임시당회장으로 왔다. 그는 3월 18일 토요일부터 ㅇ교회에 모습을 드러냈다. 처음 예배당에 들어와서는 강단에 무릎을 꿇고 한 시간 반 동안 눈물로 통성기도를 했다. 다음 날 일요일에는 설교 전 큰절을 하며 교인들에게 사과했다. 노회장 목사의 사과에 설움이 복받쳐 울음이 터져 버린 교인들도 있었다. 교단을 탈퇴하려 했던 교인들은 이번에야말로 믿을 만한 목사가 도와주러 왔다며 감사해했다.

그러나 그 역시 오래 가지 못했다. 교인들은 반성의 기미가 없는 천 목사와의 협의를 거부했는데, 진병헌 목사는 천 목사와의 협상을 계속해서 요구했다. 3월 28일에는 비대위원장 오광석 집사와 점심을 먹은 후 "내가 차를 안 가져왔으니 유장춘 목사의 새소망교회까지 태워 달라"고 했다. 새소망교회에 도착하자 진병헌 목사는 뜬금없이 유장춘 목사가 교회 건물을 내놨으니까 빨리 사라고 말했다. 오광석 집사가 "나는 결정할 권한이 없다"고 말해도, 그는 예배당 이곳저곳을 보여 줬다. 뿐만 아니라 새소망교회에는 천 목사가 협상을 위해 대기하고 있었다. 사전에 아무런 언질도 없었던 일이었다.

목사에게 또 속은 것이다. 교인들은 분노해 임시당회장 교체 및 노회장 탄핵을 위한 재판을 노회에 청원하려 했다. 그러자 진병헌 목사는 재판 청원을 철회해 줄 것을 부탁하며 자필로 자신의 잘못을 인정하는 문서를 썼다.

임시당회장으로서 해결하기 위해서 왔지만 오히려 교회 분열 또는 악의를 행하고 배신 행위를 한 결과가 되었기에, 당회장이면서 노회장으로서 사법기관에 천 목사에 관한 것을 소송할 테니 증빙서류와 함께 조언하여 줄 것을 청합니다.

문서를 받고 교인들은 재판 청원을 철회했다. 이렇게까지 했으니 진병헌 목사가 노회장으로서 약속을 지킬 줄 알았다. 그러나 그는 천 목사에 대한 소송을 진행하지 않았다.

평남노회는 3월 14일 자로 천 목사를 정직 7년에 처했다. 그러나 정작 교인들은 이런 사실을 모르고 있었다. 몇 주 뒤 알게 됐는데 전혀 기쁘거나 위로가 되지 않았다. 제대로 조사했는지조차 의문이었다. 유장춘 목사는 "바로 출교하면 타 교단에서 받아 줄 수도 있으니 정직 7년에 처한 것"이라고 했지만, 이내 유장춘 목사의 조카이자 천 목사의 최측근 간사가 다른 교인과 했던 전화 통화 내용이 드러났다. 통화 내용 중에는 "반대파를 안심시킨 후 나중에 정직 기간을 줄여 주려는 것이다", "천 목사와 유장춘 목사, 노회장도 다 동의했다"는 이야기가 나온다.

이후로도 교인들은 목사들 때문에 별의별 일을 다 겪었다. 네 번째 임시당회장으로 온 박정복 목사는 거리가 멀다는 이유로 임시당회장 역할을 내놓을 생각이라고 말했고, ㅇ교회에 몇 번 오지도 않았다. 그런데 얼마 지나지 않아 일부 교인이 예배를 방해했다며 그들을 노회에 고발했다. 그러나 박정복 목사가 왔을 때 예배는 계획된 대로 진행됐으며, ㅇ교회는 그의 계좌로 사례금도 입금했다.

교인들은 깨달았다. 결국 평남노회 목사들은 다 한통속이었다는 것을.

평남노회 목사들만 문제는 아니었다. 당시 총회장이었던 권순웅 목사는 비대위원 2명과 만난 자리에서 녹음을 하지 못하게 한 후 '하야방송'이라는 인터넷 매체를 소개했다. 그들이 하라는 대로만 하면 교회가 안정될 것이라고 했다. 이후 하야방송 유성헌 목사는 ㅇ교회에 '컨설팅 비용'이라는 명목으로 1000만 원을 요구했다. 교계 돌아가는 사정을 잘 모르던 교인들은 어떻게라도 빨리 이 사태를 마무리짓고 싶은 마음에 유성헌 목사에게 일단 500만 원을 지급했다. 그러나 하야방송은 보도는커녕 별다른 조치를 취하지 않았고 오히려 계속해서 사건을 덮으려 했다.

정점은 평남노회 화해중재위원회가 6월 18일 내놓은 합의안이었다. 화해중재위원회는 교회가 천 목사에게 퇴직금 명목으로 사택 보증금과 차량 등 5억 원 상당을 제공하고, 서로 소송을 취하하는 것은 물론 언론 기사와 댓글을 삭제하며, 교회가 평남노회에 '분리 교회 개척 자금'으로 3억 원을 내놓는다는 내용의 합의안을 내밀었다. 교인들은 단칼에 거절했다. 목사들이 가해자 목사에게는 퇴직금을 살뜰히 챙겨 주면서, 피해를 입은 교회에는 아무 근거도 없는 3억 원을 내놓으라고 요구한다는 사실 자체가 기가 막혔다. 교인들은 목사들의 목적이 돈이었음을 확신하게 됐다. 이렇게 투명하게 그 욕망을 내비칠 줄은 몰랐다.

— 목사님! 목사님 딸이 천 목사에게 성폭력을 당했다고 하면, 지금 목사님 교회가 이렇게 됐다고 하면, 그냥 넘어가자고, 합의하고 끝내자고 하실 수 있어요? 어떻게 이렇게 자꾸 덮으려고만 할 수가 있어요!

비대위에 참여했던 김하늘 집사는 평남노회 목사들과 만난 자리에서 울분을 토했다. 교인들은 천 목사의 범죄만으로도 이미 마음이 온통 헤집어진 상태였다. 목사들은 그런 가슴을 가까스로 부여잡고 있는 교인들에게 성폭력이 아니라 마사지였다는 사실 확인서를 요구하고, 천 목사에게 퇴직금을 챙겨 줘야 한다고 했으며, 교단을 탈퇴하려면 수억 원을 내라고 했다. 그간 목사들에게 준 설교 사례비, 거마비 등만 합쳐도 수백만 원이었다. 김하늘 집사는 어떻게 목사들이 이렇게까지 할 수 있는지 믿고 싶지 않았다. 모태신앙으로 살아오면서 평생 우러러봤던 목사의 이미지가 산산조각 났다.

비대위원장으로서 수개월간 일선에서 목사들을 상대해 왔던 오광석 집사도 목사들의 실체를 다시 한번 똑똑히 확인했다. 전도사 생활을 해 봤던 그였기에 전부터 교단이라는 존재는 '필요악'이라고 생각했다. 그런데 교인으로서 이런 일을 겪고 보니 교단은 그냥 '악'이었다. 아무리 교단이 썩었다고 해도 이 정도일 줄은 상상하지 못했다. 예수님이 왜 당대의 종교인들에게 '독사의 자식들'이라고 소리치셨는지 알 것 같았다. 이런 목사들의 공통점은 자신들의 욕망을 '하나님의 뜻'이라고 합리화하는 것이었다. 자신들이 무슨 짓을 하고 있는지도 모르는 듯했다. 합리화가 인간을 괴물로 만들고 있었다.

"토 나온다는 말 있잖아요. 그 말이 사실이더라고요. 나중에는 목사들하고 이야기하면 진짜 역하고 미식거리고 구역질이 났어요. 진짜 악한 인간들을 만난 것 같았어요. 성경에도 그런 말이 있잖아요. 사단은 광명의 천사로 가장한다고."

3

－성범죄로 피해받은 성도들에게 3억 요구하는 정신 나간 평남노회 목사들이 기독교인이냐!

－하나님 믿는 목사인가! 돈만 쫓는 먹사인가!

2023년 8월 31일, ㅇ교회 교인 20여 명은 평남노회 재판국이 열리는 경기도 용인의 한 교회 앞에서 피켓 시위를 벌였다. 이날 재판국은 ㅇ교회 교인들을 대상으로 한 재판을 열었다. 혐의는 '교단 탈퇴 선동 및 예배 방해'. 고발당한 교인들은 소환에는 응했으나 재판에는 응하지 않았다. 재판 시작 전 목사들에게 경고하고 자리를 떴다. "우리는 당신들이 우리에게 했던 짓들에 대한 증거 자료를 다 가지고 있으니 어디 해 볼 테면 해 보자"고.

더 이상 평남노회에 기대할 것이 없다고 판단한 ㅇ교회는 8월 27일 공동의회를 열고 교단을 탈퇴했다. 적법한 절차를 거치기 위해 법원에서 공동의회를 개최해도 된다는 결정까지 받아 놨다. 그런데도 평남노회는 4일 후 잡힌 재판을 강행하겠다고 했다.

교인들은 평남노회 재판국이 열리는 곳으로 시위를 나갔다.
신앙생활을 하면서 이런 일까지 하게 될 줄은 몰랐다. 사진 제공. 새기쁨교회

교인들은 시위를 준비했다. 평남노회 목사들에게 당한 것을 생각
하면 피켓 시위로도 모자라지만, 그간 신앙생활을 하면서 이런 걸
해 본 적이 없으니 '시위까지 하는 게 맞나'라는 생각도 했던 게 사
실이다.

　- 하나님, 진짜 이게 하나님께서 원하시는 길이고 우리가 하
는 게 맞는 거라면 여기에 대한 결과를 빨리 주십시오. 그게 아니
라 우리가 잘못하는 거라면 잘못했다는 결과도 빨리 주십시오. 저

희는 무엇이든 빨리 받아들이고 이 사태를 해결하고 싶습니다.

시위하러 가기 전 오광석 집사는 그렇게 기도했다. 교단에 정면으로 맞서는 이 길이 맞는 것인지 확신이 없었다. 교인들이 생업과 학업을 뒤로 하고 이렇게까지 해야 하는 일일까. 만약 평남노회가 우리를 징계한다면 어떻게 되는 것인가. 지난한 법적 다툼을 시작해야 하는 것인가……. 다행히도 고민은 길지 않았다. 철수한 뒤 두 시간도 채 지나지 않아 평남노회로부터 메시지가 왔다. 완전한 '백기'였다.

대한예수교장로회 평남노회 재판국은 다음과 같이 판결하다.
1. 2023년 8월 27일 교인 총회를 통해 평남노회를 탈퇴하였으므로 이후 평남노회의 지도를 받지 아니하여도 무관하다.
2. 이후 노회는 귀 교회와 귀하에 대하여 법적인 모든 조치를 하지 않을 것이며 어디서든 귀 교회가 참 교회로 부흥 발전하기를 소망하다.

교인들은 이를 하나님의 응답이라 믿었다.

○교회는 사건이 드러난 후 6개월 만에 평남노회에서 자유로워질 수 있었다. 그 반년은 어느 반년보다 다사다난했다. 출석 교인 300~400명이던 교회에는 100여 명이 남았다. 불행인지 다행인지 천 목사를 옹호하는 사람들은 먼저 교회를 떠났다. 남은 이들은 교회 이름을 '새기쁨교회'로 바꾸고 교회를 추슬렀다. 과정은 쉽지 않았다. 그냥 모든 걸 잊고 떠나고 싶었던 적도 있었다. 하

지만 남은 자들은 남았고 이들 사이에는 어떤 동지애가 생겼다. 누구도 혼자였다면 그 시간을 버티지 못했을 것이다. 함께였기에 가능했다.

새기쁨교회는 보통의 분쟁 교회와는 다른 점이 많다. 담임목사의 잘못으로 분쟁이 일어나도 대체로 목사를 지지하는 교인이 더 많은 것이 한국교회 현실이다. 소수의 반대하는 교인들은 버티고 버티다 쫓겨나거나, 본 교회를 떠나 다른 교회로 가거나 새로운 공동체를 만든다. 새기쁨교회는 교인이 많이 떠나기는 했지만 천 목사를 반대하는 사람이 다수였다. 이들은 본 교회를 떠나지 않고 지켜 냈다. 힘든 시기였지만 비교적 빨리 분쟁 상태에서 벗어나 새로운 공동체를 만드는 데 힘을 쏟았다.

여기에는 교인들끼리 서로 챙겨 주고 교회에 헌신하는 문화가 크게 작용했다. 물론 권력의 정점은 천 목사였지만, 교회는 많은 부분 목회자가 아닌 일반 신자들(간사와 리더)의 헌신으로 운영돼 왔다. 천 목사가 빠져도 당장 교인 관리와 예배를 굴러가게 하는 데에는 문제가 없었다. 비대위는 일요일은 물론 주중에도 필요하면 온라인 모임을 열어 모든 상황을 공유했고, 전 교인의 뜻을 물었다. 무엇보다 교인들은 긍정적이었다. 천 목사 수하에 있는 동안 '일을 되게 하는 쪽으로' 생각하고 실천하는 것이 몸에 밴 사람들이었다. 아이러니하게도 그런 태도가 분쟁 상황에서 큰 도움이 됐다.

"제가 약간 허탈, 허무, 공허한 상태였을 때가 있었어요. 그때 하나님이 느헤미야 말씀을 주시는 거예요. 다시금 재건하라는 말씀을 주시면서 '네가 있어야 할 곳에서 해야 할 일을 해라'라고 하시더라고요. 저는 아이들이 가장 눈에 많이 밟혔고, 어떻게든 함께하고 싶은 성도님들이 계셨기 때문에 남을 수 있었어요."(정채연 권사)

"이 공동체가 없었다면 저는 함께하지 못했을 거라는 생각이 들어요. 저같이 힘들어하는 한 사람 한 사람이 모여서 기도했거든요. 직접적인 성폭력 피해자들을 위해서도 기도했고, 우리 모두도 피해자였기에 서로 기도해 주면서 그 시간을 잘 견뎌 냈던 것 같아요. 그저 주저앉아서 우는 것만은 아니었어요. 기도하면서 '넌 어떻게 할 거야?', '넌 뭘 깨달았어?' 이런 이야기를 하니까 자연스럽게 그 안에서 '우리 이렇게 해 보자', '이렇게 나가 보자'가 되더라고요."(박가연 집사)

"성도님들의 교회에 대한 주인 의식이 높았던 것 같아요. 거기다 비대위원장님이 마음을 하나로 모으는 걸 잘해 주셨어요. 진행되는 상황들을 다 오픈하고 성도님들의 의견 하나하나를 소중하게 취합해서 방향을 정하니까, 다들 뭐 하나라도 더 해야겠다는 분위기가 형성됐죠. 그리고 저희가 또 친목 도모에 강하거든요. 찾아가고 얘기 들어 주고 같이 기도하고 그러니까 서로 더 끈끈해지고 마음이 모이더라고요. 너무 신기했어요. 누구 하나 자기 의견 고집하지 않으니까 마음이 금방 하나로 모여서 일도 빨리 진행된 것 같아요."(이영혜 간사)

✝

엘리베이터를 타고 4층에서 내리자 예쁜 디자인의 '새기쁨교회' 로고가 제일 먼저 눈에 띄었다. 지어진 지 몇 년 되지 않은 상가 빌딩은 군더더기 없이 깔끔했다. 예배실로 쓰는 공간은 넓고 쾌적했다. 교회는 평일인데도 사람이 더러 있었다. 청소년과 젊은 사람이 많아서 그런지 추운 날씨에도 활기가 느껴졌다. 얼마 전까지 분쟁을 겪었던 교회, 아직 조금은 우울해 보일 거라는 예상은 보기 좋게 빗나갔다.

새기쁨교회는 11월 초 경기도 용인시 기흥구로 예배당을 옮겼다. 원래 있던 분당 예배당은 유지 비용이 감당되지 않는 수준이었기 때문이다. 자의 반 타의 반 교회는 새로운 장소에서 새로운 이름으로 다시 시작하게 됐다. 본 교회를 떠나온 것이 아닌데도 이전의 교회를 떠나 새로운 교회가 되는 기분을 느낄 수 있었다. 11월 말 찾은 새기쁨교회는 분쟁을 겪었다는 슬픔보다는 새로운 공동체를 만들어 간다는 기대감이 느껴지는 곳이었다.

교단을 탈퇴한 후 새기쁨교회는 비대위를 해체하고 빠르게 운영위원회 체제로 전환했다. 교회 사태가 일단락되었으니 무너진 성벽을 다시 쌓는 일에 매진하기 위해서였다. 여러 위원회를 만들고 운영위원장으로는 김하늘 집사를 선임했다. 교회개혁실천연대(개혁연대)가 민주적인 교회 운영에 대해 실질적인 조언을 해 줬다. 개혁연대 사무국장 이헌주 목사는 10월부터 임시로 새기쁨교회 설교를 맡아 주고 있다. 교인들은 처음엔 되도록 빨리 전임 목사를 청빙할 생각이었는데 좀 더 숨을 고르며 신중하게 생각하기로 했다.

교회는 지금도 바쁘게 돌아간다. 평일에는 매일 아침과 밤에 온라인으로 기도회가 열리고, 수요일 저녁에도 예배가, 목요일 오전에는 기혼 여성들을 위한 프로그램이 열린다. 성탄을 맞아 '조이팝 콘서트'라는 행사도, 신년을 맞아 토크 콘서트도 준비했다. 각종 프로그램과 분위기를 보면 몇 개월 전 그 난리를 겪었던 교회라고는 전혀 상상할 수 없을 정도였다.

노파심일까. 활기찬 분위기가 마냥 좋게만 받아들여지지는 않았다. 새기쁨교회는 올해 초만 해도 정상적인 교회가 아니었다. 천 목사의 말을 절대적으로 믿으며 비상식적인 언행도 용인했던 곳이었다. 천 목사의 가르침에 따라, 여성들은 일을 관두고 남편에게 월 1000만 원의 생활비를 받는 '월천여사'가 되기 위해 노력했고, 남성들은 월 억대를 버는 '월억황제'가 되기를 꿈꿨다. 헌금을 많이 하면 더 잘될 거라고 하니 '100만 원 클럽', '십오조 클럽'에 가입했다. 이외에도 천 목사에게 달에 한 번은 돈봉투와 선물을 들고 찾아가 그의 조언을 듣고 기도를 받으려고 애썼다. '코로나 백신 맞으면 죽는다', '우주 방위군이 있다'와 같은 터무니없는 음모론도 많이 들어 왔다.

○교회에서는 언어도 게토화해 있었다. 천 목사가 자주 사용하는 언어들을 교인들도 따라 했다. 월천여사, 월억황제는 물론 '탁월성', '관계 신뢰', '현실 인식', '가치 부여', '수정 보완', '지정 축복', '동행 과정 경험', '입증', '훈련' 등등 그들만의 언어 습관이

있었다. 인터뷰하는 중간중간에도 이런 어휘들이 교인들의 입에서 자연스럽게 튀어나왔다.

이런 상태로 십수 년간 굴러 왔는데, 갑자기 천 목사만 쏙 빠졌다 해서 교회가 정말 바로 설 수 있을까. 천 목사가 가해자라는 사실과 교인들이 피해자라는 사실은 분명하나, 그를 추종했던 행위에는 교인들의 그릇된 욕망도 어느 정도 작용했던 것 아닐까. 무엇을 회개하고 무엇을 버려야 할까. 물론 개중엔 취해야 할 것도 있을 것이지만, 버려야 할 것이 훨씬 더 많지 않을까. 그럼에도 취해야 할 것들을 교인들은 어떻게 받아들이고 있을까.

"완전 사이비 같았죠."

김하늘 집사는 쓴웃음을 지었다. 당연하게 생각했던 것들이 매우 이상한 행동이었다는 사실을 자각한 것이다. 그는 지금도 천 목사가 있었을 때 교회 안에서 통용되던 언어들만 들어도 소름이 끼친다. 그래서 버려야 할 것과 취해야 할 것을 골라내는 것은 새기쁨교회 교인들에게 가장 중요한 일이었고, 지금도 계속되는 일이다. 어찌 보면 그간 교회 사태를 거치며 교인들과 가장 많이 이야기한 내용이 이것이었다. 교인들은 많이 버렸다. 그리고 새롭게 쌓기 위해 하나님나라복음DNA네트워크(하나복네트워크) 대표 김형국 목사가 쓴 〈풍성한 삶으로의 초대〉(비아토르)를 전 교인이 함께 공부하고 있다.

김하늘 집사에게는 이헌주 목사의 설교도 많이 와닿았다. 특히 '자녀들에게 진심으로 사과하라'는 내용이 그랬다. ㅇ교회에서는 천 목사의 가르침에 따라, 아이들에게도 '탁월성'을 갖추기 위해 끊임없이 '성장'해야 한다고 강요했다. 부모들은 천 목사가 장래를 찍어 주는 '지정 축복'을 받은 사람들을 부러워하며, 자신들의 자녀도 지정 축복을 받게 하기 위해 애썼다. 자녀들이 이상하다고, 하기 싫다고 이야기해도 부모들은 천 목사만 바라볼 뿐이었다. 김하늘 집사는 설교를 듣고 많이 울었다. 중학생·초등학생 두 자녀에게 "엄마가 너무 안 좋은 방향으로 최선을 다한 것"을 사과했다. 그리고 "지금이라도 바로잡고 싶다"고 이야기했다.

박가연 집사는 교회 사태가 터지지 않았다면 지금쯤 일을 그만두고 월천여사 대열에 들어가기 위해 노력했을 것이다. 그 또한 돈봉투와 선물을 손에 들고 천 목사를 만나기 위해 애썼다. 이제와 생각하면 마치 '점 보러' 갔던 것같이 느껴진다. 천 목사는 돈에서 자유로울 수 없는 인간의 욕망을 이용했다. 자신에게 잘하면 더 큰 것을 얻어 갈 수 있을 것이라고 세뇌했다. 박가연 집사는 자신이 정말 기대한 것이 무엇이었는지, 하나님과 가까워지려는 것이었는지 사람과 가까워지려는 것이었는지 회개했다.

오광석 집사는 수년 전부터 천 목사가 이상해지고 있다는 사실을 인식하고 있었다. 그가 10년 전 처음 천 목사를 만났을 때는 이 정도까지는 아니었다. 예전에는 돈을 더 많이 버는 것보다도 더 많이 나누는 것을 강조했다. 천 목사가 변질되는 과정을 지켜보는 것이 고통이었다. 하지만 모든 교인이 천 목사를 우러러보고 있고 자신의 가족들도 깊게 연루돼 있는 상태에서 '그건 아니지 않느냐'고 말하지 못했다. 지금 생각해 보면 그것 또한 합리화였다.

"잘되고 싶은 욕망이나 갈급함 자체가 죄라고 생각하지는 않아요. 우리 교회에는 대부분 뭔가 어려움이 있고 힘들고 아픈 사람들이 왔거든요. 그걸 치유받고 싶은 마음 자체가 문제는 아니니까요. 그런데 우리도 그 과정 중에 타협을 한 거예요. 아닌 건 아니라고 했어야 했는데. 조금씩 합리화를 한 거죠. 합리화가 괴물을 만든다고 했잖아요. 그런 걸 회개하고 버려야 할 것 같아요. 지금까지 정말 많이 버렸는데 아직도 버릴 게 많아요."

반면, 어쩌면 취할 것들은 취하는 것도 용기가 필요한 일일지 모른다. 천 목사와 함께했던 시간들은 부정하고 싶은 과거가 됐다. 하지만 그가 말했던 것이 모두 틀린 건 아니었다. 천 목사가 가르친 '잘되는 법', '행복하게 사는 법' 등은 결국 인간관계를 잘하는 처세술 같은 것이었다. 그는 다른 책이나 유튜브 강의 같은 것 듣지 말고 자신의 말만 잘 따라오면 된다고 했는데, 나중에 교인들이 찾아보니 천 목사가 했던 말들은 대중적으로도 많이 퍼져 있는 내용이었다. 교회에서는 그런 방법들을 삶에 녹여 내기 위해 강도 높게 '훈련'한 것이다. 천 목사가 만든 '칭찬, 축복, 격려'의 문화가 분쟁 상황에서도 긍정적으로 사고하게 만들고 서로를 좀 더 잘 돌보게 해 주었다는 사실도 부정할 수 없다.

"저는 이렇게 정리가 되더라고요. '하나님께서는 그 사람이 악인일지라도 그를 통해 선한 것을 가져갈 수 있게 만들어 주셨다'고. 어쨌든 그 사람을 통해서 좋은 것들도 배웠고 그걸 삶으로 녹여 낼 수 있었으니까요. 하지만 천 목사의 행위는 분명 죄이고 그걸 보면서 우리가 버려야 할 것은 버릴 수 있는 태도를 갖추는 게 중요한 것 같아요." (정채연 권사)

"다 버릴 수도 없고 다 취할 수도 없는 거니까요. 회의를 정말 많이 했어요. 시스템을 고치는 것뿐만 아니라 서로의 마음도 어루만져 주었죠. 결국 사람이 아니라 하나님을 바라봐야겠더라고요. 누군가를 존경할 수는 있지만 결국 우리 리더는 하나님이라는 거. 그전에는 천 목사와의 관계가 중요했다면, 이제는 하나님과의 일대일 관계가 중요하구나 싶어요."(장시원 씨)

버려야 할 것과 취해야 할 것의 긴장. 그 가운데서도 새기쁨교회는 교인들의 기대보다 빨리 안정을 되찾았다. 불과 몇 달 전 상태를 생각해 보면 기적과 같은 일이다. 그렇다면 하나님이 이 공동체를 남기신 이유가 있을 것이다. 교인들은 정말 '교회다운 교회'를 만드는 것이 하나님의 뜻이라 믿는다. 목사를 비롯한 특정한 누군가에게 권력이 쏠리지 않는 평등한 교회, 느리더라도 모두가 만들어 가는 민주적인 교회, 성장보다는 하나님과의 올바른 관계를 추구하는 교회, 그래서 교회를 떠나 교회가 되기로 한 많은 그리스도인에게 희망이 되는 교회.

교회를 떠나 교회가 되다

초판 발행   2024년 4월 30일
지은이   구권효

펴낸이   이용필
펴낸 곳   뉴스앤조이
등록번호   제2016-000072호
주소   서울 중구 퇴계로36가길 97 1층
전화   (02) 744-4116
이메일   task@newsnjoy.or.kr
웹사이트   www.newsnjoy.or.kr
인스타그램   @newsnjoy
디자인   소장각

ISBN   978-89-90928-59-7 (03230)